RANDY ALCORN

Wo dein Schatz ist …

Die Freude am Geben entdecken

OM Deutschland
Tel.: +49 (0) 6261 947-0
www.om.org/de

OM Österreich
Tel.: +43 (0) 732 321776
www.a.om.org

OM Schweiz
Tel.: +41 (0) 44 832 8383
www.omschweiz.ch

Falls nicht anders vermerkt, sind die Bibelstellen der Elberfelder Übersetzung 2003, Edition CSV Hückeswagen, entnommen. Hervorhebungen in den Bibelzitaten sind in der Regel hinzugefügt worden.
Der Gedichttext auf S. 157 stammt von Hermann Grabe, Meinerzhagen.

Sonderausgabe für Operation Mobilisation (OM)

Originally published in English under the title:
The Treasure Principle by Randy Alcorn

Published by Multnomah Books
an imprint of The Crown Publishing Group
a division of Penguin Random House LLC
12265 Oracle Boulevard, Suite 200, Colorado Springs, Colorado 80921, USA

International rights contracted through Gospel Literature International
P.O. Box 4060, Ontario, California 91761, USA

This translation published by arrangement with
Multnomah Books, an imprint of The Crown Publishing Group,
a division of Penguin Random House LLC

1. Auflage 2016

Christliche Literatur-Verbreitung · Ravensberger Bleiche 6 · 33649 Bielefeld
Internet: www.clv.de

Übersetzung: Johannes Böker
Satz: EDV- und Typoservice Dörwald, Steinhagen
Umschlag: Lydia Reimer, Mosbach
Druck und Bindung: GGP Media GmbH, Pößneck

ISBN 978-3-86699-353-2 (CLV-Version)

Dieses Buch ist auch online zu lesen:

http://clv.de/clv-server.de/wwwroot/pdf/256353.pdf

Inhalt

Liebe Freunde,

Sie haben ein außergewöhnliches Buch aufgeschlagen und es macht mich froh, dass es jetzt auch auf Deutsch erhältlich ist.

In meinen 60 Jahren in christlicher Arbeit habe ich die Auswirkungen mangelnder Großzügigkeit von Christen im Bereich von Evangelisation und anderen Projekten in Gottes Reich oft schmerzhaft erlebt.

»Wo Dein Schatz ist« wurde geschrieben, um Christen klarzumachen, was die Bibel wirklich über Geld sagt. So haben unzählige Menschen durch das Lesen dieses Buches an sich selbst eine Revolution dieser Großzügigkeit erlebt. Ich könnte Ihnen viele Beispiele dafür liefern, denn ich arbeite mit diesem Buch schon seit vielen Jahren und habe selbst Tausende Exemplare verschenkt.

Lesen Sie dieses Buch mit einer betenden Haltung, und wenn Sie verheiratet sind, möglichst zusammen mit Ihrem Partner. Vielleicht möchten Sie selbst dieses Buch weitergeben. Lassen Sie uns die Verbreitung dieses Buches im Gebet begleiten. Die Arbeit in Gottes Reich braucht Finanzen. Millionen von Menschen haben keine eigene Bibel – aus Geldmangel.

Dieses Buch ist ein Weckruf. Ich kenne Randy Alcorn seit vielen Jahren persönlich. Er lebt, was er schreibt.

Mit besten Grüßen

George Verwer

Vorwort

Jeder ist sein ganzes Leben lang auf Schatzsuche. Nach dem vollkommenen Menschen und dem perfekten Ort. Jesus ist diese Person, der Himmel ist dieser Ort. Wenn Sie also bereits Christ sind, haben Sie die Person schon kennengelernt, und Sie befinden sich auf der Reise zu diesem einmaligen Ort.

Oder vielleicht gibt es da noch ein Problem. Sie leben noch nicht mit dieser Person und an diesem Ort!

Vielleicht gehen Sie regelmäßig in die Gemeinde, beten und lesen in der Bibel. Trotzdem kann das Leben eine echte Schinderei sein, finden Sie nicht? Sie gehen pflichtbewusst Ihren Weg, bearbeiten ein sonnenverbranntes und dürres Feld und suchen nach einer Freude, die Sie nicht finden – nach einem Schatz, der sich Ihnen immer entzieht.

So eine Geschichte erzählte Jesus einmal. Die Geschichte vom unentdeckten Schatz. In dem Moment, wo der Betreffende ihn findet, ändert sich alles. Eine nicht gekannte Freude kommt in sein Leben. Aber bevor wir uns zusammen auf den Weg machen, möchte ich eines ganz klarstellen. Es gibt christliche Bücher, die machen ihren Lesern ein schlechtes Gewissen, um sie zum Geben zu motivieren. Das werde ich nicht tun. Versprochen.

In diesem Buch geht es um etwas ganz anderes, nämlich um die Freude am Geben. Die Schlüssel zur erfolgreichen Schatzsuche waren lange vergraben. Es wird Zeit, sie auszugraben. Es geht um eine einfache, aber sehr tief greifende Erkenntnis mit weitreichenden Auswirkungen. Wenn Sie das Ganze einmal verstanden und umgesetzt haben, wird in Ihrem Leben kein Stein mehr auf dem anderen bleiben. Und wenn ich das noch hinzufügen darf: Sie wollen dann auch nicht mehr anders leben.

Wenn Sie also die noch vergrabene Freude des Schätze-Sammelns gefunden haben, werden Sie sich mit nichts weniger zufriedengeben. Das verspreche ich Ihnen.

KAPITEL 1

Der verborgene Schatz

Der ist kein Narr, der hingibt, was er nicht behalten kann, um zu gewinnen, was er nicht verlieren kann.

JIM ELLIOT

Im ersten nachchristlichen Jahrhundert zieht ein Jude allein an einem heißen Nachmittag seine Straße entlang. Den Wanderstab hält er fest in der Hand. Seine Schultern sind gebeugt und die Sandalen mit Staub bedeckt. Sein Gewand ist mit Schweißflecken übersät. Zeit für eine Rast hat er nicht. Es treibt ihn, er muss in die Stadt.

Dann biegt er von der Straße auf ein Feld ab, es muss doch eine Abkürzung geben. Den Besitzer des Feldes stört das nicht – Wanderer dürfen das. Das Feld erweist sich als sehr unwegsam; zum Glück kann er seinen Wanderstab in den Boden rammen, um Halt zu finden.

Bumm. Der Stab hat etwas Hartes getroffen.

Erstaunt hält er inne, wischt sich den Schweiß von den Augenbrauen und stößt noch einmal nach.

Bumm. Da ist etwas, aber das ist kein Stein. Der würde anders klingen.

Der müde Wandersmann ist entschlossen, hier keine Zeit zu verschwenden. Aber seine Neugier lässt ihm keine Ruhe. Also rammt er den Stock immer wieder in den Boden. Jetzt wird das Sonnenlicht vom Boden reflektiert. Er fällt auf die Knie und fängt an zu graben.

Fünf Minuten später hält er sie in den Händen – eine Kiste mit Goldbeschlägen. Allem Anschein nach muss sie Jahre und Jahrzehnte hier gelegen haben. Das Herz schlägt ihm bis zum Hals, als er das Schloss aufhebelt und den Deckel öffnet.

Goldmünzen! Juwelen! Edelsteine jeder Farbe. Ein Schatz, der wertvoller ist als alles, was er sich je vorstellen konnte.

Die Hände zittern ihm, als er die Münzen vorsichtig in die Hand nimmt. Vor über 70 Jahren wurden sie in Rom geprägt. Irgendein steinreicher Mann muss den Schatz hier vergraben haben und dann plötzlich verstorben sein. Das Geheimnis des Schatzes hat er mit in das Grab genommen. Weit und breit ist kein Gehöft zu sehen. Mit Sicherheit hat der neue Besitzer des Feldes keine Ahnung von dem Schatz. (Nur nebenbei bemerkt, Gleichnisse zeichnen sich immer durch einen zentralen Punkt aus. Hier geht es nicht darum, die Unwissenheit des Landbesitzers auszunutzen, sondern um die überschäumende Freude, die die Entdeckung des Schatzes auslöst.)

Der Wanderer schließt den Deckel, vergräbt die Kiste und markiert den Fundort. Er dreht sich um und geht nach Hause. Aber anders als vorher schleppt er sich nicht die Straße entlang, er hüpft wie ein ausgelassener Junge und lächelt dabei über das ganze Gesicht.

›Was für ein Fund. Unglaublich! Den Schatz muss ich haben! Aber ich kann ihn nicht einfach mitnehmen. Das wäre Diebstahl. Doch der, dem das Feld gehört, gehört auch der Schatz. Wie kann ich mir das nur leisten? Ich werde meinen gesamten Hof verkaufen … die Ernte … alle Gerätschaften … die preisgekrönten Bullen. Ja genau, wenn ich alles verkaufe, sollte es reichen!‹

In dem Moment, als er den Schatz findet, ändert sich das Leben des Reisenden. Der Schatz nimmt seine Fantasiewelt gefangen, er träumt davon. Auf einmal bestimmt der Schatz alles. Er wird zum Dreh- und Angelpunkt seines Lebens. Jede anstehende Entscheidung wird angesichts der Entdeckung des Schatzes getroffen. In seinem Leben findet gerade ein tief greifender Paradigmenwechsel statt.

Diese Geschichte wird von Jesus in nur einem Vers erzählt: »Das Reich der Himmel ist gleich einem im Acker verborgenen Schatz, den ein Mensch fand und verbarg; und vor Freude darüber geht er hin und verkauft alles, was er hat, und kauft jenen Acker« (Matthäus 13,44).

Was ist der Schatz? Einige Ausleger vergleichen ihn mit Christus und seinem Reich. Viele andere sind der

Ansicht, hier geht es darum, dass Jesus sein Leben hingibt, um Menschen zu erkaufen, die dadurch zu Teilhabern des Reiches Gottes werden, in dem er – Jesus selbst – regiert. In beiden Erklärungen steht die Freude über den großen und ewigen Schatz an erster Stelle. Ein Schatz, der seine Findungs- und Bergungskosten um ein Vielfaches übersteigt.

Wie ich später noch zeigen werde, ist nicht diese Geschichte die biblische Grundlage für das richtige Schätze-Sammeln, sondern Matthäus 6,19-21. Trotzdem wird uns in Matthäus 13,44 ein anschauliches Bild von der Freude gezeigt, die entsteht, wenn man geringere Schätze für größere aufgibt.

Geld durchzieht alle Lebensbereiche

Das Gleichnis vom verborgenen Schatz ist nur eine von vielen Bezugnahmen und Veranschaulichungen Jesu zum Thema Geld und Besitz. Ja, 15 Prozent von allem, was er gesagt hat, haben mit Geld zu tun – das ist mehr, als er über Himmel und Hölle zusammengenommen gesprochen hat.

Warum kam Jesus immer wieder auf Geld und Besitz zu sprechen?

Weil es einen grundlegenden Zusammenhang zwischen unserem Leben als Christ und unserem Umgang mit Geld gibt. Vielleicht wollen wir Glaube und Geld auseinanderhalten, aber aus Gottes Sicht geht das nicht.

Das habe ich vor Jahren verstanden, als ich Lukas 3 auf einer Flugreise las. Da spricht Johannes der Täufer zu den vielen, die sich versammelt hatten, um ihn zu hören und sich von ihm taufen zu lassen. Drei unterschiedliche Gruppen fragen ihn, was sie tun sollen, um echte Buße und Umkehr unter Beweis stellen zu können. Johannes gibt drei Antworten:

1. Alle sollten ihre Kleider und Lebensmittel mit den Armen teilen (V. 11).
2. Zöllner sollten nicht mehr verlangen, als vorgeschrieben war (V. 13).
3. Soldaten sollten mit ihrem Sold zufrieden sein und kein Geld erpressen (V. 14).

Jede einzelne Antwort hat mit Geld und Besitz zu tun. Aber danach hatte niemand Johannes gefragt! Die Betreffenden wollten vielmehr wissen, was sie tun sollten, um zu zeigen, dass ihre geistliche Veränderung echt war. Warum also hat Johannes nicht anders geantwortet?

Als ich dort im Flugzeug saß, begriff ich plötzlich, dass unsere Einstellung zu Geld und Besitz nicht nur wichtig, sondern für unser geistliches Leben von zentraler Bedeutung ist. Sie ist Gott so wichtig, dass es Johannes dem Täufer unmöglich war, über die rechte geistliche Haltung zu reden, ohne etwas über den Umgang mit Geld und Besitz zu sagen.

Und diese Tatsache entdeckte ich plötzlich in immer mehr Bibelstellen. Zachäus sagte zu Jesus: »Siehe, Herr, die Hälfte meiner Güter gebe ich den Armen, und wenn ich von jemand etwas durch falsche Anklage genommen habe, erstatte ich es vierfach« (Lukas 19,8).

Und wie reagiert Jesus? »Heute ist diesem Haus Heil widerfahren« (V. 9). Indem Zachäus eine neue Einstellung zum Geld zeigte, ließ er überdeutlich erkennen, dass sein Herz umgestaltet geworden war.

Erinnern Sie sich an die neubekehrten Christen in Jerusalem, die selbstlos ihren Besitz verkauften, um das Geld den Bedürftigen zu geben (vgl. Apostelgeschichte 2,45; 4,32-35)? Oder an die zum Glauben Gekommenen in Ephesus, die sich früher mit okkulten Praktiken abgegeben hatten und nun ihre Zauberbücher verbrannten und auf diese Weise zeigten, dass ihnen ihre Bekehrung wichtiger war als alles Geld der Welt? In heutiger Währung gingen da Millionen von Euro in Flammen auf (Apostelgeschichte 19,19).

Die arme Witwe in den Evangelien wird für uns zu einem herausragenden Vorbild, als sie zwei kleine Münzen weggibt. Jesus lobte sie mit den Worten: »Diese … hat von ihrem Mangel eingelegt: den ganzen Lebensunterhalt, den sie hatte« (Lukas 21,4; vgl. Markus 12,44).

In schroffem Gegensatz dazu erzählte Jesus die Geschichte eines reichen Mannes, der seinen kompletten Besitz nur für sich verwendete. Weil seine Scheunen zu klein geworden waren, beabsichtigte er, sie abzureißen und neue, größere zu bauen, um noch mehr Lagerplatz für seinen Besitz zu schaffen. Dann wollte er sich früher als gedacht zur Ruhe setzen und es sich gut gehen lassen.

Aber Gott selbst bezeichnete ihn als Narren und prophezeite: »In dieser Nacht fordert man deine Seele von dir; was du aber bereitet hast, für wen wird es sein?« (Lukas 12,20).

Die Hauptanklage gegen ihn lautete: »Du hast mit deinem Reichtum nur dir selbst gedient, aber nicht Gott.« Sein geistlicher Zustand bewies das nur zu gut.

Als ein reicher junger Mann mit einem dringenden Anliegen zu Jesus kam und unbedingt wissen wollte, wie er das ewige Leben gewinnen konnte, sagte Jesus zu ihm: »Verkaufe deine Habe und gib sie den Armen, und du wirst einen Schatz in den Himmeln haben; und komm, folge mir nach!« (Matthäus 19,21). Der Mann war besessen von seinem irdischen Schatz. Jesus rief ihn zu etwas Höherem – zu himmlischen Schätzen.

Jesus wusste genau, dass Geld und Besitz im Leben dieses Mannes die Stellung Gottes eingenommen hatten. Er wusste, dass dieser Mann Gott nicht dienen konnte, bevor er den Götzen Mammon nicht vom Lebensthron gestürzt hatte. Aber bedauerlicherweise war dem Sucher der Preis zu hoch. Traurig wandte er sich von den wahren Schätzen ab.

Klug oder dumm?

Der junge Mann war nicht bereit, alles für den größeren Schatz einzusetzen. Anders dagegen der Wanderer auf dem Feld. Der Grund? Der Wanderer hatte den Gewinn erkannt.

Wie steht es bei Ihnen? Tut Ihnen der Wanderer leid? Schließlich hat ihn seine Entdeckung alles gekostet. Auf keinen Fall verdient er unser Mitleid. Im Gegenteil, wir sollen *ernsthaft bedenken, welch wunderbare Entdeckung er gemacht hatte*! Was er drangibt, verblasst gegenüber seinem Gewinn. Betrachtet man nüchtern das Kosten-Nutzen-Verhältnis, so liegt der Nutzen weit über den Kosten.

Der Wanderer nahm einige kurzfristige Opfer in Kauf, um eine nachhaltige Belohnung zu gewinnen. »Aber es hat ihn alles gekostet, was er hatte«, werfen Sie vielleicht ein. Ja, *aber dadurch gewann er alles, was zählt und Bestand hat.*

Wenn wir die Worte »in seiner Freude« (Luther 1984) überlesen, entgeht uns alles. Nicht pflichtbewusste Plackerei hat ihn bewogen, kleine Schätze gegen große einzutauschen, sondern Finderfreude. Er wäre ein Narr gewesen, wenn er nicht genau das getan hätte.

Jesus gibt hier einen erstklassigen Anschauungsunterricht zum Thema »Schätze im Himmel sammeln«. Eines ist klar – egal, wie wertvoll unser Besitz hier auf der Erde ist, in der Ewigkeit ist er wertlos. Und leider ist es eine Tatsache, dass viele Menschen diesen irdischen Schätzen nachjagen und so ihr Leben verschwenden. Zuerst zeigt Jesus uns hier, was bei uns *von Natur aus* einen großen Stellenwert hat: all die vergänglichen, irdische Schätze. Und danach macht er uns klar, was wir als seine Nachfolger großartig finden *sollen*: nämlich ewige, himmlische Schätze.

Von solch einem Schatz spricht der Psalmdichter: »Ich freue mich über dein Wort wie einer, der große Beute findet« (Psalm 119,162). Gott verspricht ewige Schätze, und sie auszugraben, bringt echte Freude mit sich.

In Matthäus 6 legt Jesus das Fundament für das, was ich »richtig Schätze sammeln« nenne. Leider wird darüber höchst selten oder gar nicht gepredigt und geschrieben.

> Sammelt euch nicht Schätze auf der Erde, wo Motte und Rost zerstören und wo Diebe einbrechen und stehlen; sammelt euch aber Schätze im Himmel, wo weder Motte noch Rost zerstören und wo Diebe nicht einbrechen und nicht stehlen; denn wo dein Schatz ist, da wird auch dein Herz sein (Matthäus 6,19-21).

Warum ermahnt uns Jesus so nachdrücklich, als er sagt: »Sammelt euch nicht Schätze auf der Erde«? Sind irdische Schätze etwa schlecht? Nein, wir müssen nur bedenken: *Sie haben einfach keinen Bestand.*

Das Wort Gottes sagt uns: »Bemühe dich nicht, Reichtum zu erwerben; aus eigener Einsicht lass davon! Kaum hast du dein Auge darauf geworfen, so ist er nicht mehr da, denn sicherlich schafft er sich Flügel wie ein Adler, der zum Himmel fliegt« (Sprüche 23,4-5; Schlachter 2000). Was für ein drastisches Bild! Wenn Sie sich das nächste Mal etwas richtig Wertvolles kaufen, stellen Sie sich einmal vor, ihm wachsen Flügel, und es fliegt davon. Früher oder später macht es sich aus dem Staub.

Aber wenn Jesus uns davor warnt, irdische Schätze anzuhäufen, dann nicht nur, weil sie wertlos werden *könnten*, sondern weil sie in jedem Fall wertlos *werden*. Entweder verlassen sie uns, noch während wir leben, oder wir lassen sie zurück, wenn wir sterben. Keine Ausnahmen.

Erlauben Sie mir ein Bild aus der Geschichte der USA. Stellen Sie sich vor, Sie lebten zur Zeit des Amerikanischen Bürgerkriegs. Sie kommen aus den Nordstaaten, wohnen aber im Süden. Natürlich wollen Sie gleich nach Kriegsende in den Norden zurück. Aber inzwischen haben Sie beträchtliche Summen an Südstaatengeld angehäuft. Angenommen, Sie wüssten als Insider ganz genau, dass der Norden in Kürze gewinnt und das Südstaatengeld wertlos wird. *Was machen Sie damit?*

Wenn Sie klug sind, kann es nur eine Antwort geben: Sie werden das Geld sofort in die Währung der dem Sieg entgegensehenden Nordstaaten eintauschen, weil allein deren Geld nach Kriegsende Bestand hat. Sie behalten nur so viel von der Südstaatenwährung übrig, dass Sie die nächste Zeit gut überstehen können.

Als Christ besitzen Sie Insiderwissen über einen weltweiten Umbruch, der durch die Wiederkunft Jesu ausgelöst wird. Hier kommt der »ultimative Tipp für den Insiderhandel«: Wenn Christus wiederkommt, wird das Geld dieser Erde wertlos. Das kann für Sie natürlich auch dann eintreten, wenn Sie sterben – je nachdem. (Und beides kann jederzeit eintreffen.)

Anlage-Experten beobachten und analysieren die Marktentwicklung. Wenn es so aussieht, dass die Aktienkurse demnächst nach unten gehen, empfehlen sie die sofortige Umschichtung in verlässlichere Anlageformen, wie z. B. Tagesgeldkonten, Schatzbriefe und Festgeldanlagen. Sicherheit geht vor.

Jesus als »oberster Marktanalyst« sagt uns klipp und klar, dass wir die Anlageform wechseln sollen. Es gilt, unsere irdischen Mittel umzuschichten. Was wir auf der Erde angesammelt haben (wo der Kurs schwankt und jederzeit abstürzen und für immer bedeutungslos werden kann), sollen wir im Himmel anlegen (wo der Kurs hundertprozentig sicher ist – Gott selbst bürgt dafür und wird die Währung der Erde sowieso in Kürze ersetzen). Was Christus hinsichtlich der Finanzen auf der Erde voraussagt, ist düster, aber uneingeschränkt positiv in Bezug auf Investitionen im Himmel, wo das »Marktbarometer« auf ewig nach oben zeigt!

Verstehen Sie mich richtig: Es ist nichts Falsches am »Südstaatengeld« (um bei dem Bild zu bleiben), solange Sie dessen Grenzen kennen. Aber die Erkenntnis, dass es einmal wertlos sein wird, sollte in jeder Beziehung Ihre Anlagestrategie bestimmen. Wer viele irdische Schätze anhäuft, die auf Dauer sowieso keinen Bestand haben, ist wie einer, der große Mengen an »Südstaatengeld« sammelt, das in Kürze nur noch Papierwert hat.

Wenn es nach Jesus geht, ist das Sammeln von irdischen Schätzen nicht einfach nur falsch, es ist auch richtig dumm.

Schatzsammlermentalität

Von Jesus kommt aber nicht nur die Warnung, wo wir unsere Schätze *nicht* anlegen sollen, er hat auch den besten Anlagetipp, den Sie je hören werden: »Sammelt euch … Schätze im Himmel« (Matthäus 6,20).

Ich freue mich, dass Sie schon bis hierher gelesen und noch nicht aufgegeben haben. Sonst wäre Ihnen möglicherweise der Gedanke gekommen, Christus sei dagegen, dass wir Schätze für uns sammeln. Weit gefehlt. Ganz und gar nicht! Er ist total dafür. Genau genommen *befiehlt* er es sogar. Jesus hat eine Schatzsammlermentalität. Er *will*, dass wir Schätze sammeln. Allerdings sollen wir aufhören, sie ständig am verkehrten Ort aufzubewahren. Wir sollen Schätze anhäufen, aber an der richtigen Stelle!

Und noch etwas. Jesus sagt: »Sammelt *euch* … Schätze …« Sammelt sie für euch. Ist es nicht komisch, dass Jesus uns das befiehlt, was in unserem ureigenen Interesse liegt? Ist das nicht ziemlich egoistisch? Überhaupt nicht. Gott erwartet von uns, ja, er gebietet uns förmlich, dass wir aus Eigeninteresse als solche handeln, deren Verstand erleuchtet ist. Er will, dass wir zu seiner Ehre leben, und was zu seiner Ehre ist, ist immer gut für uns. John Piper drückt das so aus: »Gott wird am meisten verherrlicht, wenn wir in ihm volle Genüge haben.«[1]

Es wäre Egoismus, wenn wir uns auf Kosten anderer bereicherten. Aber Gott hat nicht nur ein paar wenige Schätze, die er verteilen kann und um die wir streiten müssten. Wenn Sie sich im Himmel Schätze sammeln, dann vermindert das nicht die Schätze der anderen. Ja, indem wir Gott und anderen dienen, sammeln wir Schätze im Himmel. Jeder gewinnt, keiner verliert.

Jesus spricht von einer späteren Belohnung. Der Wanderer, der den Schatz auf dem Feld findet, bezahlt *jetzt* einen hohen Preis, indem er alles verkauft, was er hat. Dafür kann er in Kürze einen unglaublichen

---

1 A. d. H.: Vgl. ähnliche Wiedergaben des Zitats in: John Piper, *Von der Pflicht zur Freude*, Bielefeld: CLV, 2006, S. 21, 22 und 90.

Schatz sein Eigen nennen. Solange er den gewaltigen Schatz im Visier hat, bringt er die kurzzeitigen Opfer mit Freude. Die Freude hat er jetzt schon, und somit ist die Belohnung im weiteren Sinne gar nicht aufgeschoben, sondern teilweise schon da. Gegenwärtige Freude hat ihre Quelle in zukünftiger Freude.

Was ist dieser »Schatz im Himmel«? Er beinhaltet Macht (Lukas 19,15-19), Besitz (Matthäus 19,21) und ewiges Glück (Psalm 16,11; NeÜ). Jesus verspricht denen, die Opfer auf der Erde bringen, eine hundertfache Belohnung im Himmel (Matthäus 19,29). Das ist eine Rendite von 10 000 Prozent. Nicht schlecht.

Natürlich ist Christus selbst letztendlich unser Schatz. Alles andere verblasst im Vergleich zu ihm und der Freude, ihn zu kennen. (Philipper 3,7-11). Eine Person – Jesus – ist unser erster und größter Schatz. Ein Ort – der Himmel – ist unser zweiter Schatz. (Für wen leben Sie? Für welchen Ort leben Sie? Für welchen Besitz leben Sie?)

»Sammelt euch … Schätze im Himmel.« Warum? Weil es richtig ist? Nicht nur das. Es ist auch wirklich *klug*. Denn diese Schätze *bleiben*. Jesus argumentiert ganz nüchtern. Er appelliert hier nicht an unsere Gefühle, sondern an unseren Verstand: Investiere in bleibende Werte.

Sie werden nie einen Leichenwagen sehen, der einen Möbelwagen hinten sich her zieht. Warum nicht? *Weil niemand etwas von hier mitnehmen kann.*

> Fürchte dich nicht, wenn ein Mann sich bereichert, wenn sich die Herrlichkeit seines Hauses vergrößert. Denn wenn er stirbt, nimmt er das alles nicht mit; nicht folgt ihm hinab seine Herrlichkeit (Psalm 49,17-18).

John D. Rockefeller war einer der reichsten Menschen, die je gelebt haben. Nach seinem Tod fragte jemand seinen Buchhalter, »Und, wie viel hat Rockefeller zurückgelassen?« Die Antwort ist zum Klassiker geworden: »Alles. *Alles* hat er zurückgelassen.«

Nichts, nichts können wir mitnehmen.

Wenn Sie diesen Punkt einmal verstanden haben, sind Sie bereit dafür, das Geheimnis des richtigen Schätze-Sammelns kennenzulernen.

Richtig Schätze sammeln

Jesus fügt der einfachen, aber tiefgründigen Wahrheit (»Du kannst nichts mitnehmen«) eine weitere hinzu. Wenn er uns gebietet, uns Schätze im Himmel zu sammeln, dann kann doch die logische Schlussfolgerung nur folgendes Schatzprinzip sein:

> Sie können nichts von hier mitnehmen,
> aber Sie *können* es vorausschicken.

So einfach ist das. Wenn es Ihnen jetzt *nicht* den Atem verschlägt, haben Sie es noch nicht verstanden. Alles, was wir krampfhaft festhalten, müssen wir eines Tages loslassen. Aber alles, was wir in Gottes Hand legen, wird uns in Ewigkeit gehören (Versicherungssumme unendlich, garantiert von der GEVG, **G**ottes **E**inlagen-**V**ersicherungs-**G**esellschaft).

Wenn wir geben, anstatt festzuhalten, wenn wir in ewige statt in vergängliche Werte investieren, werden wir Schätze im Himmel sammeln, die niemals aufhören, eine Dividende abzuwerfen. Alle Schätze, die wir auf der Erde anhäufen, lassen wir zurück, wenn wir hier abscheiden. Alle Schätze, die wir im Himmel sammeln, warten auf uns, wenn wir dort ankommen.

Finanzplaner sagen uns: »Denken Sie in puncto Geldanlagen bitte nicht in Zeiträumen von drei Monaten oder drei Jahren. Denken Sie bitte 30 Jahre weiter.« Christus, der beste »Finanzplaner«, mahnt uns, ganz andere Zeiträume zu berücksichtigen. Sein Tipp: »Frag nicht, was dein Geld in 30 Jahren abwirft, sondern in 30 *Millionen* Jahren.«

Angenommen, ich würde Ihnen hier und jetzt 1000 Euro schenken, und Sie dürften dieses Geld ausgeben, wofür Sie wollen. Wäre doch nicht schlecht, oder? Aber was würden Sie tun, wenn ich Ihnen die Wahl ließe zwischen 1000 Euro jetzt *oder* 10 000 000 Euro in einem Jahr und dann 10 000 000 in jedem weiteren Jahr? Nur ein ausgemachter Dummkopf würde die 1000 Euro jetzt nehmen. Aber genau das tun wir jedes Mal, wenn wir wieder etwas festhalten, was nur einen Moment lang Bestand hat. Wir verzichten auf das wesentlich Wertvollere, was wir viel länger genießen könnten.

Natürlich gibt es aus Gottes Sicht viele gute Dinge, für die wir unser Geld einsetzen können, ohne es wegzugeben. Ganz wichtig ist beispielsweise die Sorge für die Bedürfnisse unserer eigenen Familie (1. Timotheus 5,8). Aber diese guten Dinge sind nur der Anfang. Das Geld, das Gott uns hier auf Erden anvertraut, dient gleichzeitig als Geldanlage für die Ewigkeit. Jeder Tag bietet neue Möglichkeiten, »Aktien« für sein Reich zu kaufen.

Sie können nichts von hier mitnehmen, aber Sie können es vorausschicken.

Das ist ein revolutionäres Konzept. Ich garantiere Ihnen: Wenn Sie es umsetzen, wird es Ihr Leben verändern. Wenn Sie Schätze im Himmel sammeln, werden Sie das kostbarste ewige Gut bekommen, so wie der Wanderer den unglaublich wertvollen Schatz auf dem Feld fand.

Freude.

KAPITEL 2

Freude mit Zins und Zinseszins

Je weniger ich für mich selbst ausgab und je mehr ich für andere investierte, desto glücklicher war ich und desto mehr Segen erfüllte mein Herz.[2]

HUDSON TAYLOR

Im Jahr 1990 war ich Pastor einer großen Gemeinde, verdiente ein ordentliches Gehalt und bekam dazu noch Tantiemen, die sich aus den Verkaufszahlen meiner Bücher ergaben. Ich hatte diese Gemeinde 13 Jahre zuvor mit gegründet und war ihr Pastor mit Leib und Seele.

Dann geschah etwas, was das Leben meiner Familie völlig auf den Kopf stellte. Ich gehörte zur Leitung einer Einrichtung die sich um ungewollt Schwangere kümmerte. Wir hatten ein schwangeres Mädchen bei uns aufgenommen, das noch im Teenageralter war, und halfen ihm, das Baby zur Adoption freizugeben.

2 URL: http://www.missiologie-afem.de/mediapool/79/797956/data/mission_classics/mc3-Taylor.pdf (abgerufen am 15.7.2016).

Außerdem durften wir das Mädchen zu Christus führen, was uns außerordentlich freute.

In dieser Zeit wurde mir die Not der Ungeborenen angesichts der erschreckend hohen Abtreibungszahlen immer mehr aufs Herz gelegt. Nach sorgfältigem Bibelstudium und sehr viel Gebet entschloss ich mich, an friedlichen, gewaltlosen Rettungsaktionen zugunsten der Ungeborenen vor Abtreibungskliniken teilzunehmen. Dafür wurde ich festgenommen und inhaftiert. Eine Abtreibungsklinik gewann den Prozess, den sie gegen eine unserer Gruppen vor Gericht angestrengt hatte. Ich erklärte dem Richter, dass ich alles, was ich schuldig war, zahlen würde, aber dass ich mich nicht in der Lage sah, den Leuten mein Geld zu geben, die damit ungeborene Kinder töten würden. (Für mich war das eine Gewissensentscheidung. Wenn ich je Schulden hatte, habe ich sie immer zurückgezahlt, und dies würde ich auch jedem anderen empfehlen.)

Kurz darauf erfuhr ich, dass unsere Gemeinde zur Pfändung meines Gehalts aufgefordert werden sollte. Ein Viertel meines Gehalts sollte jeden Monat direkt an die Abtreibungsklinik gezahlt werden. Es gab keinen Ausweg: Entweder zahlte die Gemeinde an die Abtreibungsklinik, oder sie setzte sich über den Gerichtsbeschluss hinweg. Um sie aus dieser Zwickmühle herauszuholen, reichte ich meine Kündigung ein.

Schon vorher hatte ich die Einnahmen aus meinen Büchern weggegeben. Die einzige Möglichkeit, einer Pfändung zu entgehen, bestand darin, nur von dem

Mindestlohn zu leben. Zum Glück hatten wir bisher lediglich einen Teil meines Pastorengehalts gebraucht, um die täglichen Ausgaben zu bestreiten, und gerade die letzte Rate für unser Haus bezahlt. Wir waren also schuldenfrei.

Ein weiteres Gerichtsurteil folgte, nachdem eine andere Abtreibungsklinik ebenfalls gegen uns geklagt hatte. Obwohl unsere Aktionen absolut gewaltlos gewesen waren, bekam die Klinik eine Entschädigung von 8,2 Millionen Dollar zugesprochen – die höchste Summe, die je über friedliche Protestierer verhängt wurde. Es sah so aus, als würden wir dieses Mal unser Haus verlieren. Wenn man nach dem Anschein urteilte und alles an weltlichen Kriterien maß, hatte unser Leben eine tragische, katastrophale Wende genommen. Sehen Sie das auch so?

Wir nicht. Es war mit das Beste, was uns je passiert ist.

Das Böse, das andere ersannen, wollte Gott zum Guten wenden (1. Mose 50,20). Wir begannen einen neuen Lebensabschnitt mit einem neuen Dienst für Gott. Meine Frau Nanci arbeitete für ein Sekretärinnengehalt, um meinen Mindestlohn aufzubessern. Unser ganzer Besitz und auch das Haus waren auf ihren Namen überschrieben. Dass ich laut Gerichtsurteil im Grunde nichts besitzen durfte, hatte ich mir nicht ausgesucht, und es eignet sich auch nicht dazu, mir zu gratulieren, aber Gott gebrauchte es, um mir zu zeigen, was er meint, wenn er sagt: »Alles, was unter dem ganzen Himmel ist, gehört mir« (Hiob 41,3; Schlachter 2000).

Es war nicht das erste Mal, dass Gott mir eine Lektion über seinen Besitz erteilte. Vor vielen Jahren hatte ich meine neue tragbare Stereoanlage der Jugendgruppe unserer Gemeinde ausgeliehen. Als das gute Stück zurückkam, war es nicht mehr zu gebrauchen. Um ganz ehrlich zu sein, ärgerte mich dies richtig. Aber der Herr arbeitete an mir und erinnerte mich daran, dass es gar nicht *meine* Anlage war, sondern seine. Und außerdem hatte sie mitgeholfen, junge Leute zu erreichen. Wer war ich denn, mich über Gottes Besitz aufzuregen?

Damals waren mir unter allen Dingen Bücher das Wichtigste. Mein Geld ging einfach in Bücher. In Tausende Bücher. Und diese Bücher bedeuteten mir sehr viel. Ich habe sie verliehen, aber es ärgerte mich, wenn sie gar nicht mehr oder nur zerlesen und mit Eselsohren zurückkamen.

Dann hatte ich den Eindruck, dass Gott diese Bücher in einer Gemeindebibliothek gebrauchen wollte. Und zwar alle. Später schaute ich mir die Karteikarten der ausgeliehenen Bücher an. Da standen die Namen der Ausleiher darauf. Manchmal waren die Bücher dutzendmal ausgeliehen worden. Auf einmal verstand ich, dass ich in das Leben anderer Leute investierte, als ich meine Bücher weggab. Jetzt dachte ich: ›Super, je abgegriffener das Buch, desto besser.‹ Mein Blickwinkel war ein ganz anderer geworden.

Zurück zum Beginn der 1990er-Jahre. Damals gebrauchte Gott die erwähnten Gerichtsurteile, um mein Verständnis von seinem Besitz auf eine neue Ebene zu bringen. Gottes Wort traf mich neu und gewaltig:

- Des HERRN ist die Erde und ihre Fülle, der Erdkreis und die darauf wohnen (Psalm 24,1).
- Mein ist das Silber und mein das Gold, spricht der HERR der Heerscharen (Haggai 2,8).
- Du sollst dich daran erinnern, dass der HERR, dein Gott, es ist, der dir Kraft gibt, Vermögen zu schaffen (5. Mose 8,18).
- Wisst ihr nicht … dass ihr nicht euch selbst gehört? Denn ihr seid teuer erkauft (1. Korinther 6,19-20; Schlachter 2000).

Gott zeigte mir den ersten von sechs Schlüsseln. Dies war mir eine Hilfe, das richtige Schätze-Sammeln zu verstehen:

Gott gehört alles, auch Bücher und Stereoanlagen. Sogar ich gehöre ihm. Er hat seine Besitzansprüche nie widerrufen und nie das Verfügungsrecht über all das Geschaffene an mich abgetreten. Er ist nicht gestorben und hat die Erde nie mir oder einem anderen überlassen.

Schlüssel Nr. 1
Gott gehört alles.
Ich bin sein Verwalter.

Es ist schon merkwürdig. Ein Jahr nach der Veröffentlichung meines Buches *Geld, Besitz und Ewigkeit*[3], in dem ich Gottes Besitzansprüche deutlich herausgearbeitet hatte, besaß ich auf einmal im Grunde nichts mehr. Inmitten großer und unerwarteter Schwierigkeiten lehrte Gott mich diese überaus praktische Wahrheit für mein Leben.

Jetzt hatte ich verstanden, dass unser Haus nicht uns gehört, sondern Gott. Warum sollten wir uns also den Kopf darüber zerbrechen, ob wir es unterhalten konnten oder nicht, wenn es sowieso Gott gehörte? Ihm mangelt es doch an gar nichts. Er hätte uns damals leicht eine andere Bleibe besorgen können.

Das war der erste Teil von Gottes Lektion: Ich musste verstehen, wem die Dinge gehören. Und wenn Gott der Besitzer ist, dann bin ich nur der Verwalter dessen, was Gott mir *anvertraut* und nicht *gegeben* hat. Das war der zweite Teil.

---

3 A.d.H.: Die Originalausgabe mit dem Titel *Money, Possessions and Eternity* erschien erstmals 1989, ein Jahr vor den oben beschriebenen Ereignissen.

Ein Verwalter führt die Vermögensgeschäfte für den jeweiligen Besitzer und zu dessen Nutzen. Der Verwalter hat keinerlei Ansprüche auf dieses Vermögen. Seine Aufgabe besteht lediglich darin, den Besitzer zu fragen, was er damit machen soll, und es dann zu tun.

Geben bringt Freude

Jerry Caven war ein erfolgreicher Geschäftsmann. Er besaß eine Restaurantkette, zwei Banken, eine Ranch, eine Farm und einige Immobilien. Jerry war inzwischen 59 Jahre alt und hielt Ausschau nach einem Haus am See, wo er und seine Frau einen beschaulichen und wohlverdienten Ruhestand verbringen wollten. Aber Gott, dem ja alles gehört, hatte andere Pläne.

»Gott hat uns einen ganz unerwarteten Weg geführt. Unsere Zeit und unser Geld investieren wir jetzt im Ausland«, erklärt Jerry. »Es ist unglaublich, früher haben wir nur Almosen gespendet, heute investieren wir hohe Geldbeträge in die Missionsarbeit. Wir reisen häufig nach Indien.«

Was war der Grund für diesen Sinneswandel bei Jerry und seiner Frau?

»Die Erkenntnis, dass alles Gott gehört«, erläutert Jerry. »Als wir endlich verstanden haben, dass wir Gottes Geld für Gottes Werk geben, wurde unser Leben derart mit Frieden und Freude erfüllt, wie wir es vorher, als wir noch dachten, alles gehörte uns, nie erlebt hatten!«

Kennen Sie dieses Beispiel von John Wesley? Eines Tages ritt ein verzweifelter Mann dem englischen Prediger hinterher. Als er ihn eingeholt hatte, schrie er entsetzt: »Mr. Wesley, etwas ganz Furchtbares ist passiert! Ihr Wohnhaus ist bis auf die Grundmauern niedergebrannt!«

Wesley ließ die Nachricht einen Moment auf sich wirken und erwiderte dann ruhig: »Nein, *Gottes* Haus ist bis auf die Grundmauern abgebrannt. Das bedeutet eine Verantwortung weniger für mich.«

Wesleys Antwort war keine Verneinung offensichtlicher Tatsachen, sondern die mutige Bejahung der Wirklichkeit, dass alles Gott gehört und wir lediglich seine Verwalter sind.

Wenn wir anfangen, wie die Besitzer zu denken, sollten bei uns alle Alarmglocken schrillen. Wir sollen wie diejenigen denken, die das Vermögen des Besitzers verwalten und dafür verantwortlich sind und dabei immer nach Möglichkeiten suchen, es bestmöglich zu investieren. Am Ende unseres Dienstes wird uns wie jedem Verwalter ein Arbeitszeugnis ausgestellt werden: »Denn wir werden alle vor den Richterstuhl Gottes gestellt werden … So wird nun jeder von uns für sich selbst Gott Rechenschaft geben« (Römer 14,10.12).

Gottes Konto läuft gleichsam auf unseren Namen. Wir haben uneingeschränkten Zugriff darauf. Das ist ein Privileg, das man auch missbrauchen kann. Als Verwalter seines Geldes dürfen wir unser Gehalt selbst festlegen. Wir bezahlen von seinem Geld unseren Lebensunterhalt. Eine ganz wesentliche und wichtige Frage ist, welcher Betrag vernünftig ist und wie viel wir uns genehmigen dürfen. Und der Betrag wird von Person zu Person naheliegenderweise verschieden sein. Wir sollten nichts horten und auch nicht exzessiv Geld ausgeben. Wie gesagt, es gehört Gott und nicht uns. Und natürlich hat er etwas zu sagen, wo wir es einsetzen sollen.

Jedes Frühjahr lesen meine Frau und ich Dutzende Briefe und E-Mails von Gemeindemitgliedern, die im Sommer einen Missionseinsatz machen wollen. Dieses Jahr erreichten uns 45 Bitten um Gebet und finanzielle Unterstützung. Und bei jedem dieser Anlässe freue ich mich wie ein Kind im Süßwarenladen – ein Laden so groß wie die Welt, so groß wie das Herz Gottes.

Warum diese Freude?

Weil wir hinterher die erstaunlichen Geschichten und E-Mails zu lesen bekommen bzw. davon hören. Aus diesen Rückmeldungen strahlt uns Begeisterung entgegen. Wir erkennen geistliches Wachstum, eine neue Ausrichtung auf das Reich Gottes und veränderte Prioritäten. Wir sehen, wie groß und vielfältig Gottes Werk rund um den Globus ist. Angesichts dessen beten wir mit, dass diejenigen, die hinausgehen, und die Menschen, zu denen sie gehen, nicht dieselben bleiben. Und wir sind ein Teil davon!

Kürzlich war ich bei einer Veranstaltung von Leuten, die Geld gegeben hatten. All die Anwesenden gingen im Raum hin und her und erzählten einander die Geschichten. Die Begriffe *innere Erfüllung*, *Freude*, *aufregend* und *super* waren immer wieder zu hören. Fast überall lächelnde Gesichter, fröhliche Menschen und Freudentränen – wie sonst kaum bei anderen Gelegenheiten. Zwei ältere Eheleute erzählten freudig erregt, wie sie ständig in der Welt herumreisen, um die Missionsarbeit, die sie finanziell unterstützen, vor Ort kennenzulernen und sich praktisch daran zu beteiligen. An ihrem Haus in den USA müsste so manches gemacht werden. Sie sagten: »Unsere Kinder liegen uns ständig in den Ohren: ›Jetzt setzt endlich mal euer Haus instand oder kauft euch ein neues. Ihr könnt es euch leisten.‹ Unsere Antwort darauf ist: ›Warum das denn? Das ist doch total langweilig!‹«

Ray Berryman ist Direktor einer Firma, die im ganzen Land kommunale Dienstleistungen anbietet. Er erzählte, dass er und seine Frau mindestens die Hälfte ihres Jahreseinkommens für die Arbeit im Werk des Herrn einsetzen.

»Geld zu geben, bereitet mir große Freude. Damit diene ich Gott so, wie er mich berufen hat, indem ich erkenne, wie Menschenleben dadurch zu Christus hin verändert werden«, sagt Ray. »Durch unsere Gaben sind wir an Evangelisation, Jüngerschaftsschulung, Diakonie und Armenspeisung beteiligt. Dadurch erleben wir eine tiefe innere Befriedigung und Erfüllung.«

Je mehr wir geben, desto größer wird die Freude am Geben und desto mehr freut sich Gott über uns. Unser Geben bereitet uns Freude, aber viel wichtiger ist, dass es Gott Freude bereitet.

»Einen fröhlichen Geber liebt Gott« (2. Korinther 9,7). Das bedeutet nicht, dass wir nur dann geben sollen, wenn wir fröhlich sind. Die Freude setzt häufig erst dann ein, wenn wir gehorsam sind – oder im Anschluss daran. Aber nicht vorher. Warten Sie also mit dem Geben nicht, bis Sie sich danach fühlen. Das könnte lange dauern. Geben und erleben Sie, wie die Freude nachkommt.

Wenn wir fröhlich geben, machen wir Gott eine große Freude. Und er will, dass wir Freude haben. Er *gebietet* uns sogar, uns zu freuen (Philipper 4,4). Und wenn wir willig geben und damit sein Gebot gehorsam befolgen, was könnte eine größere Freude auslösen als diese Haltung? Aber wenn wir nicht geben, berauben wir uns der Freude, die Gott uns zugedacht hat.

Ich kenne einen ledigen jungen Mann, der in seinen Zwanzigern zum Glauben kam, die Bibel las und davon so ergriffen wurde, dass er sich entschloss, sein Haus zu verkaufen und Gott das Geld zu geben. Als er einigen älteren Gläubigen aus seinem Hauskreis von seinem Plan erzählte, passierte etwas Tragisches: Sie rieten ihm davon ab. Er solle es nicht tun.

Wenn Sie sich je gedrängt fühlen, einem jungen Gläubigen (das gilt auch für Ihre eigenen Kinder) das Geben auszureden, halten Sie sich bitte zurück. Dämpfen Sie nicht den Geist Gottes und berauben Sie niemanden der Freude des Gebens und der zukünftigen Belohnungen, die damit verbunden sind. Beobachten und lernen Sie vielmehr. Und dann legen Sie Gottes Vermögen auf den Tisch und fragen Sie ihn, was Sie nach seinem Willen weggeben sollen.

Donner, Blitz und Gnade

Die Christen in Mazedonien hatten begriffen, worum es bei der Freude des Gebens geht: »Bei großer Drangsalsprüfung [sind] das Übermaß ihrer Freude und ihre tiefe Armut übergeströmt … in den Reichtum ihrer Freigebigkeit« (2. Korinther 8,2).

Wie passen die Begriffe »Drangsalsprüfung«, »Übermaß ihrer Freude«, »tiefe Armut« und »Reichtum ihrer Freigebigkeit« alle in einen Vers? Doch nur dann, wenn Geben nicht ein Luxus für die Reichen, sondern ein Privileg für die Armen ist. Mir ist aufgefallen, dass Christen mit sehr wenig Geld keine größere Freude als beim Geben empfinden.

Die Christen in Mazedonien wollten sich diese Freude auch von schwierigen Umständen nicht rauben lassen: »Sie baten uns mit vielem Zureden, dass wir die Liebesgabe und ihre Gemeinschaft am Dienst für die Heiligen annehmen sollten« (V. 4; Schlachter 2000). Sie mussten förmlich darum betteln, geben zu dürfen, denn offensichtlich waren auch Stimmen laut geworden, denen zufolge sie aufgrund ihrer Armut nichts zu geben brauchten.

Diese Gläubigen aus der frühchristlichen Zeit waren wirklich bitterarm, fanden aber alle möglichen Gründe, warum sie trotzdem geben wollten. Sie bettelten förmlich darum, geben zu dürfen! Welch ein Gegensatz zu uns, die wir wesentlich mehr als sie haben und ständig neue Ausreden finden, warum wir *nicht* geben können!

Es ist richtig peinlich, wenn man Gaben von Leuten bekommt, denen es finanziell wesentlich schlechter als einem selbst geht. Mir ist es auf meinen Missionsreisen mehrfach passiert, dass arme Einheimische den Amerikanern das leckerste Essen aufgetischt und dabei wirklich ein fröhliches Gesicht gemacht haben. Diese Freude war nicht geschauspielert, sie war *echt*.

Als die Stiftshütte gebaut wurde, gaben die Menschen so viel und so freudig, dass sie gebremst werden mussten (vgl. 2. Mose 36,5-7). Geben bringt eine enorme Freude.

Als später der Tempelbau vorbereitet wurde, schaute König David auf das, was er und sein Volk gegeben hatten. Dabei kam er zu einer Erkenntnis, die ihn demütig machte. Er musste bekennen: »Denn wer bin ich, und was ist mein Volk, dass wir vermögen, auf solche Weise freigebig zu sein? Denn von dir kommt alles, und aus deiner Hand haben wir dir gegeben« (1. Chronik 29,14).

Von meiner Bekannten Dixie Fraley stammt die Aussage: »Wir sind Gott am ähnlichsten, wenn wir geben.« Je länger Sie Christus anschauen, desto mehr werden Sie zu einem Geber, und je länger Sie geben, desto ähnlicher werden Sie Christus.

In 2. Korinther 8,1 sagt Paulus: »Wir wollen euch aber, ihr Brüder, von der Gnade Gottes berichten, die den Gemeinden Mazedoniens gegeben worden ist« (Schlachter 2000). Und wie wurde diese Gnade Gottes sichtbar? In ihren Gaben für Christen in Not. Im V. 6 bezeichnet Paulus die Gaben der Mazedonier für die Hungernden in Jerusalem als eine »Gnade«. Im Griechischen wird für das *Geben der Christen* und *Gottes Gnade* dasselbe Wort *(charis)* gebraucht.

Die Gnade Christi bestimmt und motiviert unser Geben und rückt es in das rechte Licht: »Denn ihr kennt die Gnade unseres Herrn Jesus Christus, dass er, da er reich war, um euretwillen arm wurde, damit ihr durch seine Armut reich würdet« (V. 9).

Was wir geben, ist eine Antwort auf Gottes Gnade in unserem Leben. Es hat seinen Ursprung nicht etwa in unserer Selbstlosigkeit oder unserer Menschenliebe, sondern in der Lebensveränderung, die Christus in uns vollbracht hat. Diese Gnade ist die Aktion, unser Geben die Reaktion. Wir geben, weil er uns zuerst gegeben hat. Der wichtigste Bibelabschnitt zum Thema »Geben« in der ganzen Heiligen Schrift endet nicht mit: »Herzlichen Glückwunsch und vielen Dank für eure Großzügigkeit«, sondern mit:

»Gott sei Dank für seine unaussprechliche Gabe!« (2. Korinther 9,15).

Wie der Donner dem Blitz folgt, so folgt das Geben der Gnade. Wenn Gottes Gnade Sie wirklich berührt, dann können Sie gar nicht anders, als mit großzügigem Geben zu antworten. Und wie wir schon bei den Mazedoniern gesehen haben, ist das Geben einfach nur ein Ausdruck der Freude.

Was Geben sonst noch Gutes bewirkt

Mark ist Anwalt in Kentucky und gibt jedes Jahr die Hälfte seines Einkommens weg.

»Mein Streben nach Geld hat mich immer weiter von Gott weggebracht«, bekennt er. »Aber seit ich begonnen habe, es ihm zu geben, ist alles anders geworden. Ja, dadurch, dass ich etwas für Gott gegeben habe, bin ich mehr in seine Nähe gebracht worden als durch irgendetwas anderes.«

In dem Film *Die Stunde des Siegers* erklärt der Olympiasieger Eric Liddell: »Ich bin zutiefst überzeugt: Gott hat mich mit einem Ziel geschaffen … und wenn ich laufe, spüre ich seine Freude.«[4] Wer das Schatzprinzip erkannt hat, wird bezeugen: »Wenn ich

4 In Bezug auf den größten Teil des Zitats vgl. http://www.jesus.ch/information/archiv/leben_ueber_dem_durchschnitt/138610-ein_sohn_schottlands_der_stolz_seines_vaterlandes.html (abgerufen am 15. 7. 2016).

gebe, dann spüre ich seine Freude.« Gott freut sich darüber, dass der Betreffende gibt.

Auch in meinem Leben gibt es Tage, wo ich dieses Prinzip aus den Augen verliere. Wenn dann irgendwo eine Not auftaucht und Gott mir zeigt, dass ich etwas geben soll, dann kommen plötzlich wieder Tatkraft, Sinn und Freude in mein Leben. Ich spüre, dass Gott sich über mein Geben freut.

Gott sagte: »Denn den Zehnten der Kinder Israels, den sie dem HERRN als Hebopfer entrichten, habe ich den Leviten als Erbteil gegeben« (4. Mose 18,24; Schlachter 2000). Hier fällt auf, dass die Leute ihr Geld Gott und nicht den Leviten gaben. Es mag so ausgesehen haben, als ob die Menschen ihr Geld denen gegeben haben, die geistliche Verantwortung trugen, aber in Wirklichkeit gaben sie Gott. Dieser gab es dann den Leviten.

Natürlich sollen Christen ihre Pastoren oder andere vollzeitliche Mitarbeiter lieben und finanziell unterstützen (Galater 6,6), aber zuallererst ist es Gott, dem wir geben (2. Korinther 8,5). Und vor allem anderen ist Geben eine Form der Anbetung und des Lobes Gottes.

Geben verleiht auch unserer Beziehung zu Gott neue Dynamik. Es öffnet unsere geschlossenen Fäuste, damit wir von Gott empfangen können, was er für uns bereithält. Wenn wir merken, was Geben bei anderen und uns bewirkt, öffnen wir unsere Fäuste schneller und weiter, sobald sich die nächste Möglichkeit dazu ergibt.

Gott sagt in seinem Wort: »Wer sein Ohr verstopft vor dem Schrei des Geringen, auch er wird rufen und nicht erhört werden« (Sprüche 21,13). In Jesaja 58,6-10 stellt Gott seine Bereitschaft, unser Gebet zu erhören, in einen direkten Zusammenhang mit unserem Einsatz für die Hungrigen, Bedürftigen und Unterdrückten. Wollen Sie Ihr Gebetsleben neu beleben? Dann geben Sie.

Im Alten Testament heißt es über den König Josia: »Er hat dem Elenden und dem Armen zum Recht verholfen; da stand es gut. Heißt das nicht, mich zu erkennen?, spricht der HERR« (Jeremia 22,16). Sich um die Armen zu kümmern, ist eine unmittelbare Folge der Erkenntnis Gottes und bringt uns näher zu ihm.

Der Geschäftsmann Hal Thomas sagte mir: »Wenn ich Geld weggebe, sage ich: ›Herr, ich habe dich lieb.‹« Und Paulus teilt den Korinthern mit, dass ihre Gaben »die vielen Dankgebete zu Gott« bewirkt haben (2. Korinther 9,12; Schlachter 2000).

Geben bringt auch Freiheit. Ein Grundgesetz der Physik lautet: Je größer eine Masse ist, desto größer ist die Kraft, die sie ausübt. Das gilt auch für unseren Besitz. Je mehr Besitz wir haben (d. h., je größer die Gesamtmasse ist), desto mehr hat er uns fest im Griff. Auf einmal kreisen wir um diese Besitztümer und nicht sie um uns. Und schließlich – wie bei einem schwarzen Loch – sind wir verschwunden, im Handumdrehen davon verschlungen.

All das ändert sich, wenn wir beginnen zu geben. Dann kreisen wir nicht mehr um unseren Besitz, sondern überwinden seine Anziehungskraft. Wir fangen an, um unsere Besitztümer im Himmel zu kreisen.

Trotz der 8,2 Millionen Dollar Strafe, die das Gericht vor elf Jahren verhängte, haben wir nie unser Haus verloren. Von Eternal Perspective Ministries – dem Werk, das wir zuvor gegründet hatten – erhielt ich nur den Mindestlohn. Alle Bücher, die ich schrieb, gehörten ihm. Und plötzlich nahmen die Einnahmen aus Tantiemen zu. Etwa 90 Prozent der eingenommenen Tantiemen konnten an Missionswerke, Hungerhilfen und die Pro-Life-Arbeit weitergegeben werden. In den letzten drei Jahren[5] konnten wir mit Gottes Hilfe über 500 000 Dollar weitergeben. Manchmal habe ich den Eindruck, dass Gott persönlich die Bücher verkauft, damit die Werke, deren Grundsätze ganz seinen Gedanken entsprechen, sein Geld bekommen können.

Wenn ich abends zu Bett gehe, habe ich nicht das Gefühl, dass ich das Geld »geopfert« hätte. Ich gehe vielmehr zu Bett und spüre große Freude, denn nichts kommt dem Geben gleich. Die einzige Freude, die sich damit vergleichen lässt, ist aus meiner Sicht die Freude, wenn ich jemanden zu Christus führe.

Beim Geben strömt eine Freude ins Leben. Plötzlich funkt etwas aus der Ewigkeit in meinen ganz

5 A. d. H.: Damit ist etwa der Zeitraum von 1998 und 2001 gemeint.

gewöhnlichen Alltag. Das allein ist schon ein Grund, weshalb keine Geldsumme dieser Welt mich vom Geben abhalten könnte.

Aber ich bin noch nicht fertig. Die Freude, die das Geben in uns auslöst, ist noch nicht der beste Teil des Schatzprinzips. Es kommt noch besser.

KAPITEL 3

Der Blick in die Ewigkeit

Denn der Sohn des Menschen wird kommen in der Herrlichkeit seines Vaters mit seinen Engeln, und dann wird er jedem vergelten nach seinem Tun.
MATTHÄUS 16,27

Kairos Straßen waren staubig. Die Luft flimmerte vor Hitze. Pat und Rakel Thurman fuhren mit uns durch die Stadt. Schließlich kamen wir auf ein abseits gelegenes Gelände, das hoch mit Gras bewachsen war. Wir befanden uns auf einem Friedhof für amerikanische Missionare.

Pat ging mir und meiner Familie voraus und deutete schließlich auf einen sonnenverbrannten Grabstein, auf dem die Worte »William Borden, 1887 – 1913« zu lesen waren.

Borden war Absolvent der Elite-Universität Yale und Erbe eines großen Vermögens gewesen. All das hatte er mitsamt der Aussicht auf ein Leben in guten Verhältnissen zurückgelassen, um den Muslimen das Evangelium zu bringen. Er gönnte sich noch nicht einmal ein Auto und gab Hunderttausende Dollar für die Missionsarbeit. Nach nur vier Monaten engagierter Missionsarbeit in Ägypten bekam er eine Hirnhautentzündung und starb im Alter von 25 Jahren.

Ich wischte den Staub von der Grabinschrift. Sie beschrieb die Liebe und Hingabe, die dieser Mann dem Reich Gottes und den Muslimen entgegenbrachte. Die Inschrift endete mit Worten, die ich bis heute nicht vergessen habe: »Außer dem Glauben an Jesus Christus gibt es keine Erklärung für solch ein Leben.«

Jetzt nahmen uns die Thurmans zur nächsten Station unseres Ausflugs mit, dem Ägyptischen Nationalmuseum. Die Ausstellung über Tutanchamun war einfach atemberaubend.

Der junge Ägypterkönig Tutanchamun war ungefähr 18 Jahre alt, als er starb. Er wurde zusammen mit Streitwagen aus massivem Gold und Tausenden goldenen Kunstwerken begraben. Man hatte ihn in einem goldenen Sarg in einer goldenen Grabkammer beigesetzt. Zwei weitere goldene Grabkammern waren darum gebaut worden. Gold, Gold und nochmals Gold. Die ganze Grabstätte war mit *Tonnen* von Gold angefüllt.

Die Ägypter glaubten an ein Leben nach dem Tod – an ein Dasein, in das man irdischen Besitz mitnehmen konnte. Aber all die Schätze, an denen sich Tutanchamun eine Ewigkeit lang erfreuen sollte, blieben an Ort und Stelle, bis Howard Carter sie im Jahr 1922 entdeckte. Sie lagen dort seit über dreitausend Jahren unberührt.

Der Besuch dieser beiden Grabstätten unmittelbar hintereinander war ein echtes Kontrastprogramm für mich. Bordens Grab – den meisten unbekannt – war von Staub bedeckt und befand sich am Rand einer vermüllten Nebenstraße. In Tutanchamuns Grab funkelten unvorstellbare Reichtümer. Aber wo sind die beiden jungen Männer jetzt? Der, der in größtem Wohlstand lebte und sich selbst König nannte, befindet sich jetzt im Elend einer christusfernen Ewigkeit. Der andere, der auf der Erde ein einfaches Leben im Dienst des einen wahren Königs lebte, freut sich jetzt über die ewige Belohnung in der Gegenwart seines Herrn.

Tutanchamuns Leben war eine Tragik, weil er eine ganz wesentliche Wahrheit zu spät erkannte: Er konnte nichts mitnehmen. Das Leben von William Borden war ein Triumph. Warum? Statt seine Schätze zurückzulassen, hatte er sie vorausgeschickt.

Belohnungen in der Ewigkeit

Wenn Sie denken, Sie würden im Himmel in endloser Langeweile auf einer Harfe herumklimpern, haben Sie sich wahrscheinlich aufgrund falscher Vorstellungen die Sehnsucht rauben lassen, dorthin zu kommen. Aber wenn Sie Gottes Wort wirklich glauben, werden Sie in begeisterter Vorfreude und Erwartung Ihrer himmlischen Heimat entgegensehen. Wie ich schon an anderer Stelle geschrieben habe, wird der Himmel ein

Ort des Friedens und der Freiheit von allen Lasten der Sünde und des Leidens sein. Der Himmel ist aber auch ein Ort, an dem unsere Erkenntnis in beträchtlichem Maße zunehmen und es verschiedene Aktivitäten geben wird. Bis in alle Ewigkeit werden wir Neues erkennen und entdecken. Es wird ein harmonisches Miteinander geben, und wir werden dem Herrn dienen.[6]

Wir werden mit Christus regieren (Offenbarung 20,6). Treue Knechte wird er »über vieles … setzen« (Matthäus 25,21.23). Jesus wird einige Nachfolger als Herrscher über Städte einsetzen – je nachdem, wie sie ihm auf der Erde gedient haben (Lukas 19,12-19). Die Heilige Schrift spricht von fünf verschiedenen Kronen und meint damit wohl Leitungspositionen. Wir werden sogar Engel richten (1. Korinther 6,3).

Die ewigen Belohnungen werden uns gegeben, wenn wir gute Werke tun (Epheser 6,8; Römer 2,6.10), in Verfolgung standhalten (Lukas 6,22-23), den Bedürftigen Barmherzigkeit erweisen (Lukas 14,13-14) und unsere Feinde lieben (Lukas 6,35).

Gott gibt auch Belohnungen für großzügiges Geben: »Geh hin, verkaufe deine Habe und gib sie den Armen, und du wirst einen Schatz in den Himmeln haben« (Matthäus 19,21).

Selbst kleinste Liebesbeweise vergisst Jesus nicht: »Und wer irgend einem dieser Kleinen nur einen

6 Randy Alcorn, *In Light of Eternity*, Colorado Springs, CO: WaterBrook Press, 1999.

Becher kaltes Wasser zu trinken gibt in eines Jüngers Namen, wahrlich, ich sage euch: Er wird seinen Lohn *nicht* verlieren« (Matthäus 10,42).

Gott wird sich an alles erinnern, was wir für ihn getan und auch für ihn gegeben haben: »… und der HERR merkte auf und hörte; und ein Gedenkbuch wurde vor ihm geschrieben für die, die den HERRN fürchten und die seinen Namen achten« (Maleachi 3,16).

Stellen Sie sich einmal einen Schreiber im Himmel vor, der alles notiert, was Sie je weggegeben haben: Das Fahrrad, das sie dem Nachbarskind geschenkt haben, die Bücher, die Sie bei Besuchen im Gefängnis zurückgelassen haben, den Dauerauftrag für die Gemeinde, für Missionare und Hilfswerke sowie für Beratungszentren, die sich um ungewollt Schwangere kümmern – alles wird fein säuberlich notiert. Und das hat einen Grund. Es soll noch einmal gelesen werden. Ich freue mich schon jetzt auf die Geschichten, die Ihre Freigebigkeit unter Beweis stellen, und darauf, die Leute zu treffen, die durch Ihre Gaben gesegnet wurden.

Jesus sagte: »Wenn ihr nun in dem ungerechten Mammon nicht treu gewesen seid, wer wird euch das Wahrhaftige anvertrauen? Und wenn ihr in dem Fremden nicht treu gewesen seid, wer wird euch das Eure geben?« (Lukas 16,11-12). Wenn Sie sein Geld treu verwalten, wird Christus Ihnen wahre, ewige Schätze anvertrauen.

Indem wir an dem festhalten, was uns gar nicht gehört, lassen wir uns die Aussicht auf ewigen Besitz im Himmel entgehen. Aber wenn wir Gottes Besitz großzügig auf der Erde verteilen, werden wir Reichtümer im Himmel besitzen!

Wenn wir jetzt weggeben, wird sich das im Himmel in vielfacher Weise positiv für uns auswirken. Sehen wir uns nochmals das Gleichnis vom ungerechten Verwalter an, der irdischen Besitz benutzte, damit die Schuldner seines Herrn ihn dereinst in ihre Häuser aufnehmen (vgl. Lukas 16,4). Nachdem Jesus davon gesprochen hatte, forderte er seine Nachfolger auf, sich mit dem »ungerechten Mammon« (dem irdischen Besitz) Freunde zu machen (indem sie durch ihren Einsatz deren Leben auf Erden verändern). Warum? »… damit, wenn er zu Ende geht [und das Leben auf der Erde vorüber ist], man euch aufnehme in die ewigen Hütten« (V. 9).

Unsere »Freunde« im Himmel werden die sein, deren Leben hier auf der Erde durch unseren Dienst berührt und verändert wurde und die ihre eigenen »ewigen Wohnungen« (Lukas 16,9; NeÜ) haben. Dieser Bibelstelle zufolge sind die ewigen Wohnungen offensichtlich Orte, wo wir uns aufhalten und Gemeinschaft haben können. Das Geld, das wir auf der Erde einsetzen, um anderen zu helfen, wird demnach Türen zur Gemeinschaft mit ihnen im Himmel öffnen. Also, *das* ist doch etwas, worauf man sich freuen kann!

John Bunyan schrieb das Buch *Die Pilgerreise* in einem englischen Gefängnis. Von ihm stammen folgende Worte:

> Alles, was du nach seinem [d.h. Gottes] Wort für ihn an Gutem tust, wird für dich als Schatz in Truhen und Kisten aufbewahrt und zu deiner ewigen Belohnung hervorgeholt, sichtbar vor Menschen und Engeln.[7]

Ist das überhaupt biblisch? Natürlich. Der Apostel Paulus schrieb über die Geldgaben der Philipper und erklärte: »Nicht, dass ich die Gabe suche, sondern ich suche die Frucht, die überströmend sei für eure Rechnung« (Philipper 4,17). Gott hat für jeden von uns gleichsam ein Konto im Himmel eröffnet, und jede Gabe, die wir zu seiner Ehre geben, ist eine Einzahlung auf dieses Konto. Dabei geht es nicht nur um Gott und andere Menschen. Auch *wir selbst* sind die ewigen Nutznießer unserer Gaben. (Sind Sie ein regelmäßiger Einzahler?)

Aber ist es nicht falsch, von einer Belohnung motiviert zu werden? Ganz und gar nicht. Wenn es verwerflich wäre, hätte Jesus den Grundgedanken der Belohnung nicht in Verbindung mit unserer Moti-

7 John Bunyan, zitiert von Bruce Wilkinson in: »Walk Thru Eternal Rewards«, Seminarunterlagen, Atlanta: Walk Thru the Bible Ministries, 1987.

vation genannt. Dieses Konzept ist seine Idee, nicht unsere.

Wenn es nach unserem Geschmack geht, geben wir am liebsten denen, von denen wir etwas zurückerwarten können. Ganz anders Jesus. Er trägt uns auf: »… sondern wenn du ein Mahl machst, so lade Arme, Krüppel, Lahme, Blinde, und glückselig wirst du sein, weil sie nichts haben, um dir zu vergelten; denn dir wird vergolten werden in der Auferstehung der Gerechten« (Lukas 14,13-14). Wenn wir denen geben, die uns nicht belohnen können, wird Christus persönlich uns im Himmel belohnen.

Geben ist ein riesiger Hebel, der seinen Angelpunkt auf dieser Erde hat und uns erlaubt, Berge zu versetzen – Veränderungen zu bewirken, die bis in die Ewigkeit hineinreichen. Weil wir geben, wird die Ewigkeit anders aussehen – für andere und für uns.

Das Herz am richtigen Fleck

Haben Sie je darüber nachgedacht, dass wir Menschen im Himmel treffen können, die durch unser Geben verändert wurden – sei es, dass wir Mitarbeiter in der biblischen Unterweisung von Kindern waren oder bei den Sammlungen im Gottesdienst entsprechende Beträge eingelegt haben? Eines Tages werden diese Menschen uns gegenüber ihre Dankbarkeit dafür ausdrücken, dass wir gegeben haben.

Gott verspricht uns großzügige unvergängliche Belohnungen, die wir in der Ewigkeit genießen dürfen, wo wir frei vom Fluch und von Leiden sind (Offenbarung 21,1-6). Dort werden wir für immer mit der Person zusammen sein, zu der hin wir erschaffen wurden – an dem Ort, der für uns bereitet wurde.

Trotzdem bekommen zahlreiche Christen kalte Füße, wenn sie daran denken, dass sie eines Tages diese Welt verlassen müssen.

Warum? Weil so viele von ihnen ihre Schätze auf der Erde anstatt im Himmel angehäuft haben. Jeder Tag bringt uns dem Tod näher. Wenn Ihre Schätze auf der Erde sind, bringt jeder neue Tag Sie deren Totalverlust einen Schritt näher.

Gemeinsam mit einem schwerreichen Plantagenbesitzer ritt John Wesley durch dessen Wiesen und Felder. Sie waren stundenlang unterwegs und sahen nur einen Bruchteil seines Besitzes. Am Abend saßen sie dann beim Essen zusammen, und der Plantagenbesitzer fragte: »Und, Mr. Wesley, was denken Sie?«

Wesley antwortete: »Also, das wird Ihnen richtig schwerfallen, alles hier zurückzulassen.«

Kürzlich sprach ich mit Laverne, einer Frau, die Krebs im Endstadium hat. Sie weinte – nicht weil es auf den Tod zuging, sondern weil ich sie nach ihrem Geben fragte. Unter Tränen sagte sie: »Geben verändert meine Persönlichkeit, sodass charakterliche Mängel verschwinden. Ich bin ungeheuer davon beeindruckt, dass Gott gerade mich als diejenige auserwählt hat, die geben darf. Es dauert nicht mehr lange, und ich werde ihn von Angesicht zu Angesicht sehen. Und dann freue ich mich schon auf seinen Satz: ›Recht so, du bist treu und zuverlässig gewesen.‹«

Plötzlich lachte Laverne. »Was sonst ist noch wichtig?«, sagte sie. »Warum sollte ich mich noch um irgendetwas anderes kümmern?«

Lavernes Herz ist auf himmlische Schätze gerichtet. Und weil sie dort Schätze ansammelt, bringt jeder Tag sie diesen Schätzen näher.

Jesus sagte: »Wo dein Schatz ist, da wird auch dein Herz sein« (Matthäus 6,21). Das ist der zweite Schlüssel zum richtigen Schätze-Sammeln.

Schlüssel Nr. 2

Mein Herz ist stets da, wo ich Gottes Geld anlege.

Wenn Jesus uns sagt, dass unser Herz unserem Geld folgt, dann sagt er eigentlich: »Zeige mir mal deine Überweisungen, die Kontoauszüge mit der Angabe des Guthabens auf deiner VISA-Karte und die anderen entsprechenden Belege, und ich zeige dir, wo dein Herz ist.«

Nehmen wir einmal an, Sie entscheiden sich dafür, VW-Aktien zu kaufen. Wie geht es dann weiter? Auf einmal interessieren Sie sich für VW. Sie schauen sich die Finanzseiten in der Zeitung und im Internet an. In einer Zeitschrift finden Sie einen Artikel über VW, und Sie lesen aufmerksam jedes Wort. Noch vor einem Monat wäre Ihnen dieser Artikel gar nicht aufgefallen.

Und jetzt nehmen wir einmal an, Sie helfen aidskranken afrikanischen Kindern. Sie entdecken einen Artikel darüber, und er fesselt Ihre Aufmerksamkeit. Wenn Sie Geld für Gemeindegründungen nach Indien schicken und das Land dann von einem Erdbeben heimgesucht wird, dann sehen Sie sich doch die Nachrichtensendungen an und beten mit großer innerer Anteilnahme für die Situation.

So sicher, wie sich die Kompassnadel immer wieder nach Norden ausrichtet, so sicher wird Ihr Herz Ihrem Schatz folgen.

Mir haben Leute gesagt: »Ich will, dass Mission mir ein größeres Herzensanliegen wird.« Meine Antwort ist immer dieselbe: »Jesus sagt uns detailliert, wie das geht. Investiere dein Geld in die Mission, in deine Gemeinde und in die Bedürfnisse der Armen, und dein Herz wird folgen.«

Soll die Ewigkeit für Sie eine größere Bedeutung bekommen? Dann sollten Sie einen Teil, vielleicht sogar *den Großteil* Ihres Geldes von vergänglichen auf ewige Werte umschichten. Und dann schauen Sie mal, was passiert.

Gott will Ihr Herz. Er sucht nicht einfach nach »Gebern« für sein Reich, die abseits und unbeteiligt dastehen und zögerlich überlegen, ob sie eine milde Gabe geben oder nicht. Er will Nachfolger, die sich total mit dem identifizieren, wofür sie geben. Er will Leute, die ein so klares Bild von der Ewigkeit vor Augen haben, dass sie Geld, Zeit und Gebete nur noch in das investieren wollen, was Ewigkeitsbedeutung hat.

Natürlich ist das Weggeben nicht das einzig Gute, was wir mit unserem Geld tun können. Wir müssen uns um Nahrung, Kleidung sowie Wohnung für unsere Familien und darum kümmern, dass unsere Angehörigen immer dorthin kommen, wo sie hinwollen. Aber wenn diese Grundbedürfnisse gestillt sind, warum sollte der Rest dann nicht zu Schätzen im Himmel werden?

Mose ließ die Schätze Ägyptens hinter sich, »denn er schaute auf die Belohnung« (Hebräer 11,26).

Wer Schätze auf der Erde sammelt, entfernt sich mit jedem Tag weiter von ihnen. Der Todestag bringt den Totalverlust mit sich.

Wer Schätze im Himmel sammelt, sieht erwartungsvoll dem Tag entgegen, da für ihn die Ewigkeit anbricht. Jeder Tag bringt ihn seinen Schätzen näher. Für ihn ist der Tod Gewinn.

Wer sein Leben damit zubringt, sich immer weiter von seinen Schätzen zu entfernen, hat allen Grund zum Verzweifeln. Wer auf den Himmel hin ausgerichtet ist, kommt seinen Schätzen immer näher und hat allen Grund zur Freude.

Wie geht es Ihnen, was prägt Sie: Verzweiflung oder Freude?

KAPITEL 4

Hindernisse beim Geben

Gebt acht und hütet euch vor aller Habsucht,
denn auch wenn jemand Überfluss hat,
besteht sein Leben nicht durch seine Habe.
LUKAS 12,15

Wir wissen, dass Christus uns gebietet zu geben. Uns ist auch bekannt, dass er uns große Belohnungen dafür gibt. Aber warum ist es dann noch so schwierig zu geben?

Es gibt viele Hürden beim Geben: Unglaube, Unsicherheit, Stolz, Götzendienst sowie das Verlangen nach Macht und Kontrolle. Auch machen unsere Kultur und die Gewohnheiten in unseren Gemeinden es schwer, gegen den Strom zu schwimmen. Es wird als »normal« angesehen, den weitaus größeren Teil für sich zu behalten, anstatt ihn wegzugeben.

Doch darüber hinaus bin ich fest davon überzeugt, dass das größte Hindernis für das Geben in einem Irrglauben liegt – in der Illusion, dass die Erde unsere Heimat ist. Und das bringt uns zum nächsten Schlüssel in Bezug auf das Grundanliegen dieses Buches (»richtig Schätze sammeln«):

Schlüssel Nr. 3
Der Himmel und nicht die Erde ist mein Zuhause.

Die Bibel nennt uns Pilger, Fremde und Gäste[8] auf der Erde (Hebräer 11,13). Wir sind Botschafter[9], die hier ihr wahres Land vertreten (2. Korinther 5,20). »Denn *unser* Bürgertum ist in den Himmeln« (Philipper 3,20). Wir sind Bürger eines »besseren«, »himmlischen« Landes (Hebräer 11,16).

Wo wir unsere Schätze aufbewahren, hängt zum großen Teil davon ab, wo nach unserer Sichtweise unser Zuhause ist.

Nur einmal angenommen, Sie leben in Frankreich und kommen für drei Monate in die USA auf Besuch. Sie wohnen im Hotel. Und schon vorher sagt man Ihnen, dass Sie im Flugzeug nichts wieder nach Frankreich zurücknehmen können. Aber natürlich können Sie in den Vereinigten Staaten Geld verdienen und es auf Ihr Konto in Frankreich einzahlen.

8 A. d. H.: Vgl. Luther 1984 und NeÜ in Bezug auf die angegebene Bibelstelle.
9 A. d. H.: Vgl. z. B. Schlachter 2000 in Bezug auf die angegebene Bibelstelle.

Würden Sie mit diesem Wissen Ihr Hotelzimmer immer noch mit teuren Möbeln und wertvollen Wandbehängen ausstaffieren? Natürlich nicht. Sie würden Ihr Geld in die Heimat schicken. Sie würden nur das ausgeben, was Sie zum Leben brauchen, und die großen Beträge schon mal vorausschicken. Diese würden dann auf Sie warten, bis Sie zurückkommen.

Kürzlich haben unsere beiden Töchter geheiratet. Freunde und Verwandte haben sich in ihrem vollen Terminkalender diesen Tag freigenommen und sind aus dem ganzen Land zum großen Fest angereist. Wenn der große Tag der Hochzeit des Königs aller Könige kommt, ist die Geschichte des jetzt bestehenden Universums schon zu Ende gegangen (Offenbarung 19,7-9). Kein anderer Termin steht dann im Himmelskalender. Der Bräutigam, den die meisten auf Erden verkannt haben, und seine geliebte Braut werden im Mittelpunkt der Aufmerksamkeit stehen.

Jeder Tag unseres Lebens bringt uns dieser Hochzeit einen Schritt näher – der Hochzeit der Braut, zu der *alle* Gläubigen gehören! Heute sind wir schon dichter dran als gestern. Der Bräutigam bereitet dort im Himmel eine Stätte für uns zu. Alles, was wir schon mal vorausschicken, wird dort auf uns warten. Es ist unser Geschenk für den Bräutigam, aber in seiner Großzügigkeit gibt er uns die Schätze zurück.

Obwohl viele meinen, Jesus habe auf Erden den Beruf eines Zimmermanns erlernt, steht im Urtext eigentlich ein Begriff, der darauf hindeutet, dass er ein vielseitig ausgebildeter Bauhandwerker[10] war. Außerdem ist er allwissend und allmächtig – Voraussetzungen, die bei jedem Bauprojekt äußerst nützlich sind! Denken Sie nicht auch, dass das Haus, an dem er die letzten zweitausend Jahre gebaut hat, unglaublich schön wird?

Es fühlt sich schon komisch an, dass unser Zuhause dort ist, wo wir noch nie waren. Aber es ist der Ort, für den wir geschaffen wurden – der Ort, der für uns bereitet wurde.

Wenn wir diesen Gedanken wirklich einmal auf uns wirken ließen, würde er unsere Denk- und Lebensweise für immer verändern. Wir würden aufhören, Schätze in unseren irdischen Hotelzimmern zu lagern, und anfangen, mehr Geld nach Hause zu schicken.

Die meisten Spielzeuge

Steigen Sie bitte ein. Wir machen mit meinem Wagen eine kleine Spritztour. Nach ein paar Kilometern biegen wir von der Straße ab und passieren ein großes Schiebetor. Hier steht schon eine lange Schlange von Fahrzeugen mit Anhängern, beladen mit Computern, Stereoanlagen, Möbeln, Haushaltsgeräten, Angelausrüstungen und Spielzeugen.

---

10 A. d. H.: Vgl. z. B. Markus 6,3 nach dem Wortlaut der NeÜ.

Langsam bewegt die Schlange sich weiter, bis wir endlich auf dem Parkplatz angekommen sind. Hier entladen die Fahrer ihre Autos und Anhänger. Von Ihrem Sitz aus beobachten Sie neugierig einen Mann, der einen PC aus dem Wagen holt. Er geht die riesige Rampe hoch, holt aus und schleudert ihn weg.

Jetzt ist Ihre Neugier vollends geweckt. ›Was ist das, wo bin ich hier?‹, denken Sie. Sie steigen aus und gehen die Rampe immer weiter. Ganz oben angekommen, schauen Sie dann in einen tiefen Abgrund hinunter. Da unten ist eine riesige Grube – eine Müllkippe, die darauf wartet, gefüllt zu werden.

Jetzt verstehen Sie. Das hier ist eine Mülldeponie, der letzte Ruheplatz für alle Dinge in unserem Leben.

Früher oder später landet alles, was wir besitzen, genau hier. Weihnachts- und Geburtstagsgeschenke. Autos, Boote, Badewannen, Kleidung, Musikanlagen und Grills. Die Schätze, um die sich Kinder gestritten haben, die Freundschaften zerbrechen ließen, um derentwegen die Ehrlichkeit geopfert wurde und Ehen auseinandergingen – alles endet hier. (Ich schlage die Mülldeponie einmal als Familienausflugsziel vor. Das wird ein ungewöhnlicher Anschauungsunterricht.)

Bei uns gibt es einen Autoaufkleber mit dem Satz: »Wer mit den meisten Spielzeugen stirbt, gewinnt.« Millionen Menschen leben ganz so, als ob das stimmen würde. Die etwas zutreffendere Aussage wäre jedoch: »Wer mit den meisten Spielzeugen stirbt, stirbt wirklich und nimmt nicht eines von ihnen mit.«

Wenn wir unser Leben einsetzen, um möglichst viele Dinge zu gewinnen, dann gewinnen wir am Ende nicht, sondern verlieren vielmehr. Wir verlassen die Erde und gehen in die Ewigkeit, aber all unser Spielzeug bleibt zurück und füllt Müllkippen. Der Autoaufkleber könnte nicht unzutreffender sein.

Vielleicht kann man sich dies besser vorstellen, wenn man Punkt und Linie als Veranschaulichung nutzt. Unser Leben hat zwei Phasen – einen Punkt und eine Linie, die von diesem Punkt ausgeht.

Unser Leben hier auf der Erde gleicht dem Punkt. Es beginnt. Es endet. Es ist kurz. Aber an diesem Punkt beginnt eine Linie, die unendlich lang wird. Diese Linie entspricht der Ewigkeit, die Christen im Himmel verbringen werden.

der Punkt: Leben auf der Erde	die Linie: Leben im Himmel

Im Augenblick leben wir *in* der irdischen Dimension (mit dem Punkt vergleichbar). Aber *wofür* leben wir? Der Mensch mit der beschränkten Perspektive lebt für den Punkt. Der Mensch mit der weiten Perspektive lebt für die Linie.

Die Erde (zusammen mit der Zeit, die ich darauf verbringe) entspricht dem Punkt. Das Erscheinen des geliebten Bräutigams, die anstehende Hochzeit mit der Braut, das große Vereinigtwerden mit ihm und mein ewiges Zuhause in den neuen Himmeln befinden sich auf der Linie. Und hier liegt auch schon der nächste Schlüssel:

Schlüssel Nr. 4

Ich lebe nicht für den Punkt, sondern für die Linie.

Derjenige, der für den Punkt lebt, lebt für irdische Schätze, die auf der Deponie landen. Derjenige, der für die Linie lebt, lebt für himmlische Schätze, die unvergänglich sind.

Wer gibt, lebt für die Linie.

Eines Tages werden wir uns sowieso von unserem Geld trennen müssen. Die einzige Frage lautet: Wann? Dass wir uns später einmal davon trennen müssen, ist Fakt und braucht nicht diskutiert zu werden. Aber es liegt in unserer Entscheidung, uns *schon jetzt* von einem größeren Teil unseres Geldes zu trennen. Natürlich können wir irdische Schätze einen Augenblick lang festhalten und ihnen sogar einiges an Freude abgewinnen. Aber wenn wir sie weggeben, werden wir ewige Schätze genießen, die uns nie wieder weggenommen werden.

Und genau das meinte Jim Elliot, als er sagte: »Der ist kein Narr, der hingibt, was er nicht behalten kann, um zu gewinnen, was er nicht verlieren kann.«

Wenn Sie bei diesen Worten denken: ›O Mann, das ist einer dieser supergeistlichen Missionare, die überhaupt nicht an Gewinn denken‹, liegen Sie falsch und haben noch nicht richtig verstanden, worum es geht. Lesen Sie den Satz noch einmal. Gewinn war genau *das*, woran Jim Elliot dachte. Es ging ihm aber um den Gewinn, den man nicht verlieren kann. Er wollte Schätze, aber eben Schätze im Himmel.

Leben Sie für die Linie, nicht für den Punkt.

Besessen vom Besitz

In den USA gibt es eine Dokumentarsendung im Fernsehen mit dem Titel *Affluenza*, was sich ganz gut mit Wohlstand wiedergeben lässt. Darin wird der Materialismus als neuzeitliche Plage bezeichnet. In dieser Sendung wird Folgendes festgestellt:

- Der durchschnittliche US-Amerikaner verbringt sechs Stunden pro Woche mit Einkaufen und spielt ganze 40 Minuten mit seinen Kindern.
- Mit dem Erreichen des 20. Lebensjahres haben US-Amerikaner eine Million Werbespots gesehen.
- Vor Kurzem haben mehr US-Amerikaner Privatinsolvenz angemeldet, als Personen einen College-Abschluss gemacht haben.
- In 90 Prozent aller Scheidungsfälle spielt das Geld eine Hauptrolle.

Was mich an dieser Sendung sehr wundert, ist die Tatsache, dass gegen den Materialismus nicht aus ethischen, sondern aus praktischen Gründen argumentiert wird, nämlich: Materieller Reichtum macht uns nicht glücklich.

Lassen wir doch einmal einige Superreiche ihrer Zeit zu Wort kommen:

- »Die Verantwortung für 200 Millionen Dollar reicht, um jeden umzubringen. Es ist wahrlich kein Vergnügen«[11] (W. H. Vanderbilt).
- »Ich habe viele Millionen verdient, aber das Glück haben sie mir nicht gebracht« (John D. Rockefeller).
- »Millionäre lächeln selten« (Andrew Carnegie).
- »Ich war glücklicher, als ich noch Mechaniker war« (Henry Ford).
- »Ich bin der unglücklichste Mensch auf Erden« (John Jacob Astor).

Natürlich kennen auch Sie die Geschichten von Lottogewinnern, die einige Jahre nach ihrem Gewinn unglücklicher als vorher waren. Sie träumten vom Reichtum, der Glück im Gepäck hat. Vergeblich. Ihr Traum ging nicht einmal ansatzweise in Erfüllung.

---

11 URL: http://www.crownlife.ch/Geld-macht-gluecklich.469.0.html (abgerufen am 15. 7. 2016). In dieser Quelle finden sich auch die nächsten drei Zitate.

Auf einem Flughafen sah Hugh Maclellan jun. einen Bekannten, der sehr bedrückt aussah.

»Was ist los?«, fragte Hugh.

Der Mann stöhnte. »Ich hatte mich so lange auf ein freies Wochenende gefreut. Aber jetzt muss ich nach Florida fliegen, um die Reparaturen an meinem dortigen Haus zu beaufsichtigen.« Niedergeschlagen saß er da und wartete auf den Abflug seines Privatjets.

Hier ist ein Mann, der wirklich alles hat, wovon die meisten Menschen nur träumen können. Aber er hat noch nicht einmal Zeit für ein freies, genussvolles Wochenende. Er war hoffnungslos von seinem Besitz versklavt. Wir denken, dass unser Besitz uns gehört und wir ihn im Griff haben. In Wirklichkeit ist es meistens umgekehrt: Wir werden von ihm beherrscht.

Nichts ist für eine Wanderung lästiger als ein schwerer Rucksack, der mit schönen, aber unwichtigen Dingen vollgepackt ist. Pilger reisen mit leichtem Gepäck.

Die Tyrannei der Dinge

Nanci und ich wohnen schon 23 Jahre in unserem Haus. Die ersten neun Jahre hatten wir einen wirklich hässlichen, orangefarbenen Teppich. Wenn da etwas darauf fiel, war uns das egal. Und dann endlich bekamen wir einen neuen Teppich. An dem Tag, an dem er verlegt wurde, entzündete jemand eine Kerze.

Unglücklicherweise brach dabei der Streichholzkopf ab, fiel zu Boden und brannte ein Loch in den nagelneuen Teppich.

Wenn das am Tag vorher passiert wäre, hätte uns das nicht gestört. Aber jetzt haben wir uns richtig geärgert. Ging es uns mit unserem schönen neuen Teppich jetzt besser, waren wir glücklicher?

Alles, was wir uns neu anschaffen, bietet noch einen Anlass mehr, sich Gedanken zu machen, darüber zu reden, es sauber zu machen, es zu reparieren, es umzustellen, sich Sorgen zu machen und es zu ersetzen, wenn es kaputtgeht.

Nur mal angenommen, jemand schenkt mir einen Fernseher. Und dann? Ich muss ihn an eine Satellitenschüssel anschließen oder Kabelfernsehen abonnieren. Um das Gerät richtig auszunutzen, brauche ich einen DVD-Player. Dann muss ich mir natürlich DVDs besorgen. Damit der Ton richtig zur Geltung kommt, brauche ich Dolby-Surround-Lautsprecher. Und vor allem brauche ich einen bequemen Fernsehsessel, damit das Ganze Spaß macht. All das kostet Geld. Und nicht nur das. Dabei geht auch jede Menge Zeit, Energie und Aufmerksamkeit drauf.

Die Zeit, die ich meinem Fernseher mit all seinem Zubehör schenke, nehme ich meinen Familienangehörigen weg. Ich rede weniger mit ihnen oder lese seltener in Gottes Wort. Ich bete weniger oder lade seltener in mein Haus ein bzw. kümmere mich weniger um Bedürftige.

Wie war das noch mal mit dem »kostenlosen« Fernseher?

Wenn ich etwas Neues anschaffe, kann das meine bisherigen Prioritäten gründlich verschieben. Wenn ich ein Boot kaufe, dann muss ich meinen Kauf damit rechtfertigen, dass ich es auch *benutze*. Infolgedessen bin ich dann öfter am Wochenende unterwegs und damit weg von zu Hause oder der Gemeinde. Ich kann nicht beim Basketballspiel meiner Tochter zuschauen oder mich nicht im Kindergottesdienst engagieren bzw. in der Krabbelgruppe mitarbeiten.

Nicht der Fernseher oder das Boot ist das Problem, ich bin es. Dinge werden zu Tyrannen, das ist eine Lebensregel.

Dem Wind nachjagen

In Prediger 5,9-14 gibt Salomo uns etwas von seinem Wissen zum Thema Besitz weiter. Jede seiner Aussagen werde ich kurz mit meinen eigenen Worten wiedergeben.

- »Wer das Geld liebt, wird des Geldes nicht satt« (V. 9). *Je mehr Sie besitzen, desto mehr wollen Sie.*
- »Wer Reichtum liebt, wird keinen Nutzen davon haben« (V. 9; Luther 1984). *Je mehr Sie besitzen, desto unbefriedigter sind Sie.*

- »Wenn das Gut sich mehrt, so mehren sich, die davon zehren« (V. 10). *Je mehr Sie besitzen, desto mehr wollen sich andere Menschen (auch Vertreter des Staates) einen gewissen Anteil an Ihrem Besitz sichern.*
- »Und welchen Nutzen hat sein Besitzer, als dass seine Augen es ansehen?« (V. 10; RELB). *Je mehr Sie besitzen, desto tiefer verstehen Sie, dass es Ihnen nicht guttut.*
- »Der Schlaf des Arbeiters ist süß, mag er wenig oder viel essen; aber der Überfluss des Reichen lässt ihn nicht schlafen« (V. 11). *Je mehr Sie besitzen, desto größere Sorgen machen Sie sich.*
- »Es gibt ein schlimmes Übel, das ich unter der Sonne gesehen habe: Reichtum, der von dessen Besitzer zu seinem Unglück aufbewahrt wird« (V. 12). *Je mehr Sie besitzen, desto größeren Schaden können Sie sich dadurch zufügen, dass Sie daran festhalten.*
- »Solcher Reichtum geht nämlich durch irgendein Missgeschick verloren« (V. 13). *Je mehr Sie besitzen, desto mehr können Sie verlieren.*
- »Wie er aus dem Leib seiner Mutter hervorgekommen ist, wird er nackt wieder hingehen, wie er gekommen ist; und für seine Mühe wird er nicht das Geringste davontragen, das er in seiner Hand mitnehmen könnte« (V. 14). *Je mehr Sie besitzen, desto mehr werden Sie zurücklassen.*

Der Bibel zufolge war Salomo der reichste Mensch, der je gelebt hat. Und doch musste auch er erkennen, dass Reichtum nicht zufrieden macht, sondern lediglich weitere Gelegenheiten bietet, irgendwelchen Trugbildern nachzujagen. Salomos Vermögen erlaubte ihm, sich das zu leisten, was für andere immer eine Fata Morgana bleiben wird. Den meisten Leuten geht das Geld aus, bevor sie meinen, die Fata Morgana erreicht zu haben. Aber sie glauben trotzdem an das Märchen, dass Dinge, die sie nicht erreichen können, Zufriedenheit schenken. Salomo dagegen ging das Geld nie aus. Alles, was man mit Geld kaufen konnte, erlaubte er sich: »Und was irgend meine Augen begehrten, entzog ich ihnen nicht; ich versagte meinem Herzen keine Freude« (Prediger 2,10).

Was war sein Fazit? »Und ich wandte mich hin zu allen meinen Werken, die meine Hände gemacht hatten, und zu der Mühe, womit ich mich wirkend abgemüht hatte: Und siehe, das alles war Eitelkeit und ein Haschen nach Wind; und es gibt keinen Gewinn unter der Sonne« (V. 11).

Warum lassen wir uns weiter an der Nase herumführen? Weil unser Herz Schätze will, hier und jetzt. Wir sind versucht, die irdischen Schätze um uns herum als wahre Schätze anzusehen, statt sie als das zu betrachten, was sie wirklich sind: nur die Schatten ewiger Schätze.

Aber irdische Schätze können zu himmlischen werden. A. W. Tozer schrieb:

> Obwohl Geld so sehr mit den irdischen Dingen verbunden ist, kann es doch in einen ewigen Schatz verwandelt werden. Es kann eingetauscht werden in Essen für die Hungernden und Kleidung für die Armen. Es kann einen Missionar, der verlorene Menschen für Christus gewinnt, in seinem Dienst unterstützen und sich dadurch in einen himmlischen Schatz verwandeln. Jeder vergängliche Besitz kann zu einem ewigen Reichtum werden. Was auch immer wir Christus geben, wird sofort unvergänglich.[12]

Wenn Wohlstand uns krank macht, erhebt sich die Frage: Wie werden wir gesund? Wenn der Materialismus Gift für uns ist, wo finden wir das Gegengift? Paulus gibt uns eine Antwort:

> Den Reichen in dem gegenwärtigen Zeitlauf gebiete, nicht hochmütig zu sein noch auf die Ungewissheit des Reichtums Hoffnung zu setzen, sondern auf Gott, der uns alles reichlich darreicht zum Genuss; Gutes zu tun, reich zu sein an guten Werken, freigebig zu sein, mitteilsam, indem sie sich selbst eine gute Grundlage für die Zukunft sammeln, damit sie das wirkliche Leben ergreifen (1. Timotheus 6,17-19).

---

12 A. W. Tozer, »The Transmutation of Wealth«, *Born After Midnight*, Harrisburg, PA: Christian Publications, 1959, S. 107.

Haben Sie bemerkt, wie Paulus uns auf direktem Weg zum Schatzprinzip zurückführt? Mit seinen Worten (»sich selbst einen Schatz sammeln als guten Grund für die Zukunft«; Luther 1984) spielt er zweifellos direkt auf die Worte Jesu in Matthäus 6 an.

In meinem Portemonnaie befindet sich ein Kärtchen. Auf der einen Seite steht: »Gott gehört alles. Ich bin sein Geldverwalter.« Und dann folgen noch drei Bibelverse. Auf der Rückseite ist zu lesen: »Gott will, dass ich irdische Schätze nutze, um himmlische Schätze anzulegen.« Und dann stehen da noch Christi Worte aus Matthäus 6 und die Worte des Paulus aus dem 1. Timotheusbrief. Das Kärtchen ist bewusst ganz dicht neben meinem Bargeld untergebracht. Es erinnert mich nachdrücklich daran, was wahr ist und was nicht.[13]

Paulus gebraucht hier verschiedene Begriffe (»freigebig … sein«, »mitteilsam« und »reich … an guten Werken«). Die damit verbundenen Haltungen versetzen uns nach seinen Worten in die Lage, »das wirkliche Leben [zu] ergreifen«. Im Gegensatz wozu? Zu einem Leben zweiter Klasse, dem sogenannten »Leben«, das vom Materialismus geprägt ist.

---

13 Wenn Sie eines dieser Kärtchen kostenlos zugeschickt haben wollen, senden Sie bitte einen frankierten Rückumschlag an:
Eternal Perspective Ministries
39085 Pioneer Blvd., Suite 206
Sandy, OR 97055
USA

Damit sind wir beim fünften Schlüssel zum richtigen Schätze-Sammeln:

Schlüssel Nr. 5
Das Geben ist das einzige Gegengift für den Materialismus.

Wenn wir geben, werden wir konkret daran erinnert, dass es bei allem um Gott und nicht um uns geht. Nicht ich bin das Zentrum, *er* ist es. Nicht er lebt für mich, sondern ich lebe für ihn. Gott hat mit seinem Geld größere Pläne, als meinen Wohlstand zu sichern. Geben ist frohe Hingabe an eine größere Person, die größere Ziele verfolgt. Wenn wir geben, wird die Herrschaft Christi bekräftigt. Dies bedeutet, dass wir die uns angemaßte Herrschaft an Christus abgeben und ihn auf den Thron unseres Lebens setzen. Geben zerreißt die Ketten des Mammons, die mich versklaven wollen.

Solange ich etwas besitze, glaube ich, dass es mir gehört. Aber wenn ich es weggebe, lasse ich Macht, Verfügungsgewalt und Ansehen los. Im Moment des Loslassens geht das Licht an. Die von der Faszination des Besitzes ausgehende Macht wird gebrochen. Mein Verstand wird klar. Ich erkenne, dass Gott der Besitzer ist, ich der Verwalter bin und die anderen Nutznießer dessen sind, was Gott mir anvertraut hat.

Das Geben beraubt mich nicht meiner eigenen Interessen. Aber es verschiebt meine Interessen von der Erde in Richtung Himmel, weg von mir selbst und hin zu Gott.

Natürlich ist Geld nicht alles, was ich geben kann. Zeit, Weisheit und Fachwissen sind gleichermaßen wertvolle Gaben. Geben – in welcher Form auch immer – heilt das »Wohlstandsfieber«. Geben befreit mich von der Anziehungskraft, die Geld und Besitz auf mich ausüben. Geben bringt eine neue Anziehungskraft in mein Leben – der Himmel gewinnt Vorrang.

Matschkuchen

In Offenbarung 3 entlarvte Jesus die geistliche Armut, die sich unter der glänzenden Oberfläche der äußerlich reichen Gemeinde in Laodizea verbarg. Danach bot er ihr wahre Schätze: »Ich [rate] dir, Gold von mir zu kaufen, geläutert im Feuer, damit du reich wirst« (V. 18).

Wenn Christus wiederkommt, werden »die Erde und die Werke auf ihr … verbrannt werden« (2. Petrus 3,10). Hört sich das deprimierend an? Es *wäre* in der Tat deprimierend, wenn die Erde unser Zuhause wäre. Aber dies ist nicht der Fall! Es *wäre* deprimierend, wenn wir keine Möglichkeit hätten, unser Leben und unsere Gaben für die Ewigkeit einzusetzen. Aber zum Glück sind wir genau dazu imstande.

C. S. Lewis hat es einmal so ausgedrückt:

> Wir halbherzigen Geschöpfe spielen mit Alkohol und Sex und Ehrgeiz herum, wo uns doch unendliche Freude angeboten wird. Dabei verhalten wir uns wie ein unwissendes Kind in einem Slum, das Matschkuchen backt, weil es sich nicht vorstellen kann, was es bedeutet, Ferien am Meer angeboten zu bekommen. Wir sind viel zu leicht zufriedenzustellen.[14]

Sogar viele Christen geben sich mit einem Leben zufrieden, in dem sie sich viele materielle Dinge anschaffen. Sie kaufen fortwährend, als würden sie wie Kinder in einem Elendsviertel spielen und Matschkuchen backen.

Dabei gibt es etwas viel Besseres als das, was die Welt uns bieten kann – es gibt ewige Schätze und überbordende Freude.

Ich vermute, Sie wollen diese Schätze und diese Freude haben, oder etwa nicht? Aber vielleicht haben Sie noch ein paar praktische Fragen zum Thema, oder Sie sind sich noch nicht sicher, wo Sie anfangen sollen.

Also, weiter geht's.

---

14 C. S. Lewis, *The Weight of Glory*, New York: Macmillan, 1949, S. 3-4 (deutsche Ausgabe: *Das Gewicht der Herrlichkeit und andere Essays*, Basel und Gießen: Brunnen Verlag, 2005); deutsch zitiert in: John Piper, *Von der Pflicht zur Freude*, Bielefeld: CLV, 2006, S. 23-24.
URL: http://clv-server.de/pdf/255677.pdf (abgerufen am 15. 7. 2016).

KAPITEL 5

Einfach anfangen

Und wenn du mit Gott und in Ehren Schätze sammelst, so wird er auch zusehen, dass es bleibe, wenn es bleiben soll, oder dass es doch unverloren und wohl angelegt sei und viel Guts damit geschafft werde.[15]

MARTIN LUTHER

Alle, die es hörten, waren hocherstaunt. Sam Houston, der schillernde General und Politiker, war zum Glauben an Jesus gekommen. Nach seiner Taufe verkündete Houston, er wolle ab jetzt die Hälfte des Gehalts übernehmen, das der Pastor seiner Gemeinde bekam. Auf die erstaunte Frage nach dem Warum antwortete er nur: »Mein Portemonnaie wurde mitgetauft.«

Vielleicht haben Sie wie Sam Houston verstanden, dass sich das Leben als Christ vom Geben nicht trennen lässt, aber Sie wissen noch nicht, wo Sie anfangen sollen.

15 URL: https://books.google.de/books?id=GWCPgo3GBmsC&pg=PA170&lpg=PA170&dq=#v=onepage&q&f=false (abgerufen am 15.7.2016).

Am besten fangen wir vorn an – beim Alten Bund, den Gott mit den Israeliten geschlossen hatte: »Und aller Zehnte des Landes, vom Samen des Landes, von der Frucht der Bäume, gehört dem HERRN; er ist dem HERRN heilig« (3. Mose 27,30).

Der Begriff *Zehnter* meint den zehnten Teil. Zehn Prozent sollten Gott zurückgegeben werden. Es gab darüber hinaus auch freiwillige Opfer, aber diese zehn Prozent waren Pflicht.

In Sprüche 3,9 steht: »Ehre den HERRN von deinem Vermögen und von den *Erstlingen*[16] *all deines Ertrags.« Gottes Kinder sollen ihm zuerst und nicht zuletzt geben.*

Als die Angehörigen seines Volkes nicht gaben, wie sie sollten, sagte Gott: »Darf ein Mensch Gott berauben, dass ihr mich beraubt? Und ihr sprecht: ›Worin haben wir dich beraubt?‹ Im Zehnten und im Hebopfer. Mit dem Fluch seid ihr verflucht, und doch beraubt ihr mich, ihr, die ganze Nation! Bringt den ganzen Zehnten in das Vorratshaus, damit Speise in meinem Haus sei« (Maleachi 3,8-10).

Im Matthäusevangelium sprach Jesus über den Zehnten. Dort stellen wir fest, dass er die für den Alten Bund geltende Pflichtabgabe von zehn Prozent sogar für kleine Dinge erwähnte (Matthäus 23,23). Aber diese Pflichtabgabe wird im Neuen Testament nach den Evangelien nicht mehr erwähnt. Die einzige

16 Hervorhebung durch den Autor.

Ausnahme ist Hebräer 7,1-10 (wo es um den Zehnten geht, den Abraham Melchisedek gegeben hat). Aber hier handelt es sich nicht um die Praxis der neutestamentlichen Gemeinde. Die Praxis des Zehnten wird weder geboten noch rückgängig gemacht, und unter Christen gibt es eine hitzige Debatte darüber, ob der Zehnte immer noch Plicht und damit der Ausgangspunkt fürs Geben ist.

In dieser Angelegenheit schlagen zwei Herzen in meiner Brust. Ich hasse Gesetzlichkeit und will absolut nicht versuchen, neuen Wein in alte Schläuche zu füllen, indem ich die Auflagen des Alten Bundes für Christen als verbindlich erkläre. Auf der anderen Seite geht im Neuen Testament jedes Beispiel in Bezug auf das Geben weit über den Zehnten hinaus. Keines fällt hinter die zehn Prozent zurück.

Es steckt eine zeitlose Wahrheit hinter dem Grundgedanken, der mit den Erstlingen verbunden ist: Gott hat den ersten Anspruch, wenn wir von all unserem Arbeitsertrag geben. Mal ganz abgesehen davon, ob der Zehnte der Erstlinge immer noch Gottes Mindestanforderung für das Geben ist, frage ich mich: ›Erwartet Gott von uns, die wir während der Zeit des Neuen Bundes leben, mehr oder weniger?‹ Jesus hat die geistliche Messlatte angehoben, er hat sie nie gesenkt (Matthäus 5,27-28).

Stützräder

Vielleicht lassen Sie sich beim Geben bisher einfach »von der Gnade leiten«. Sie geben, wenn Ihnen der Sinn danach steht, und stimmen mit den Kirchenvätern Origenes, Hieronymus und Augustinus in dieser Frage nicht überein. (Diese lehrten bekanntlich, dass der Zehnte das absolute Minimum sei, das ein Christ geben sollte.) Aber folgende Frage sollte man stellen dürfen: »Gott, verlangst du von mir, der ich den Heiligen Geist habe und geschichtlich gesehen in einem nahezu beispiellosen Wohlstand lebe, wirklich weniger als von dem ärmsten Israeliten?«

Beinahe alle Untersuchungen belegen, dass US-amerikanische Christen im Durchschnitt zwei bis drei Prozent ihres Einkommens weggeben. Die Untersuchung der Barna Group aus dem Jahr 2001 kommt zu folgendem Ergebnis:

> Unter den erwachsenen wiedergeborenen Christen nahm im vergangenen Jahr die Gruppe der Nichtgeber um 44 Prozent zu. Im Vergleich zu 1999 sanken die Pro-Kopf-Spenden für Kirchen und Gemeinden im Jahr 2000 durchschnittlich um 19 Prozent. Ein Drittel der wiedergeborenen Erwachsenen gab an, im Jahr 2000 den Zehnten entrichtet zu haben. Ein Vergleich der tatsächlich eingegangenen Gaben mit den Haushaltseinkommen zeigt jedoch, dass es nur

ein Achtel war, die entsprechend gespendet haben.[17]

Ich muss Ihnen ehrlich sagen, dass ich angesichts dieser Zahlen beunruhigt bin. Wenn ich mich beim Geben »von der Gnade leiten« lasse, stellt sich die Frage: Bedeutet das wirklich, dass wir nur einen winzigen Anteil von dem geben sollten, was der Alte Bund vorschrieb? Egal, wie wir in der Gemeinde über das Geben predigen, entweder geht die Verkündigung an der Bibel vorbei, oder die Botschaft erreicht nicht die Herzen, oder wir sind ungehorsam.

Mithilfe des Zehnten hat Gott seinem Volk zur Zeit des Alten Bundes wichtige Lektionen hinsichtlich des Gebens vermittelt. In gewisser Hinsicht können diese Lektionen für uns zum Ausgangspunkt auf dem Weg dienen, der zur Freude des Gebens führt, das sich »von der Gnade leiten« lässt. Verstehen Sie die Praxis, den Zehnten zu geben, nicht als Ziel, sondern als Startpunkt. (Auch im Alten Bund war der Zehnte nicht der Zielpunkt. Die freiwilligen Opfer, die über den Zehnten hinausgingen, zeigen das deutlich.)

Der Zehnte ist nicht die Decke, die wir irgendwann einmal erreichen sollten; er ist vielmehr der Fuß-

17 Barna Research Update, 5. Juni 2001; http://www.barna.org (abgerufen am 19.7.2016). Vgl. eine ähnliche Umfrage der Barna Group, die etwas aktueller ist. Die englischsprachigen Ergebnisse finden sich unter: https://www.barna.org/barna-update/congregations/41-new-study-shows-trends-in-tithing-and-donating#.V43YYhK3EcM (abgerufen am 19.7.2016).

boden, auf dem wir anfangen. Er ist nicht der Zieleinlauf, sondern der Startschuss. Ich vergleiche ihn gern mit den Stützrädern beim Fahrrad: Er bringt uns mit unseren Einstellungen, Fähigkeiten und Gewohnheiten auf den guten Weg, wenn es um das Geben geht, das sich »von der Gnade leiten« lässt.

Den Worten des Propheten Maleachi zufolge haben die Israeliten Gott nicht nur den geforderten Zehnten verweigert, sondern ihn auch der freiwilligen Opfer[18] beraubt. Sie haben Gott weniger von den freiwilligen Opfern gegeben, als er es erwartet hatte, und ihn somit bestohlen. Wenn die Menschen damals Gott mit zu kleinen Opfern beraubt haben, ist dann heute nicht genau dasselbe möglich?

Paulus ermutigte die Christen zum freiwilligen Geben und bezeichnete das als »Gehorsam« (2. Korinther 9,13; Schlachter 2000). Gott erwartet etwas von uns, auch wenn unsere Gaben freiwillig sind. Wenn wir weniger geben, als er von uns erwartet, berauben wir ihn.

Natürlich erwartet Gott nicht von uns, dass wir alle dasselbe geben. Wir müssen nach dem Maß geben, wie er uns gesegnet hat (5. Mose 16,10.16-17).

Es gibt Leute, die sagen: »Gut, dann wollen wir mal mit fünf Prozent anfangen und uns dann langsam steigern.« Aber das ist im Grunde dasselbe, als wenn sie

18 A. d. H.: Die in Maleachi 3 erwähnten Hebopfer konnten auch freiwillig sein.

sagen würden: »In der Vergangenheit habe ich sechs Supermärkte pro Jahr ausgeraubt. Dieses Jahr werde ich nur noch drei ausrauben.« Und dabei würden sie noch fromm tun.

Der Punkt, den ich hier klarmachen will, ist, dass wir Gott nicht *weniger*, sondern *überhaupt nicht* berauben sollen.

Es ist richtig, dass es Leute gibt, die mit fünf Prozent ein größeres Opfer bringen als andere, die 10, 50 oder sogar 90 Prozent ihres Einkommens geben könnten. Wenn jemand reich ist, sollte er nach dem Geben des Zehnten nie denken: ›Mission erfüllt, jetzt gehe ich zur Tagesordnung über.‹ Auch die 90 Prozent gehören Gott. Er schaut nicht nur auf das, was wir geben, sondern auch auf das, was wir behalten.

In meinem Leben durfte ich schon viele Geber interviewen. Die allermeisten von ihnen erzählten, dass der Zehnte sie anspornte, noch mehr zu geben. Sie fingen an, zehn Prozent ihres Einkommens zu geben, und entdeckten, wie Gott sie versorgte. Sie stellten fest, dass die Belange des Reiches Gottes in ihrem Leben mehr Raum einnahmen und wichtiger wurden. Und jetzt – Jahre später – geben sie 60, 80 oder sogar 95 Prozent ihres Einkommens! Und doch waren es die Stützräder des Zehnten, mit denen sie diesen Weg eingeschlagen haben.

Als die Menschen zur Zeit des Alten Testaments anfingen, durch das Zurückhalten des Zehnten und der freiwilligen Opfer Gott zu berauben, sprach er:

»Prüft mich doch dadurch … ob ich euch nicht die Fenster des Himmels öffnen und euch Segen bis zum Übermaß ausgießen werde« (Maleachi 3,10).

Ironischerweise ist es vielen Menschen nicht möglich zu geben, *eben weil* sie nicht geben (Haggai 1,9-11). Wenn wir unsere »Schulden« zuerst bei Gott bezahlen, wird sein Segen uns helfen, unsere Schulden bei den Menschen zu bezahlen. Aber wenn wir Gott berauben, um Schulden im menschlichen Bereich zu begleichen, dann bringen wir uns um seinen Segen. Kein Wunder, wenn es dann nicht reicht. Es ist ein echter Teufelskreis, und man muss gehorsam und im Glauben handeln, um ihn zu durchbrechen.

Wenn einer mir sagt, dass er es sich einfach nicht leisten könne, den Zehnten zu geben, frage ich ihn, ob er sterben würde, wenn eine zehnprozentige Gehaltskürzung auf ihn zukäme. »Nein«, antwortet er. »Na gut«, ist dann meine Antwort, »du hast gerade zugegeben, dass du es dir leisten kannst, den Zehnten zu geben. Du *willst* es aber nicht.«

Ich behaupte nicht, dass es einfach ist zu geben. Aber ich sage – und da gibt es Tausende, die mir zustimmen –, dass es wesentlich einfacher ist, von 90, 50 oder 10 Prozent eines Einkommens zu leben, wenn das *im* Willen Gottes geschieht, als von 100 Prozent, wenn man *außerhalb* des Willens Gottes lebt.

Denken Sie einmal daran, wie ein Kleinkind das Laufen lernt; seine ersten Schritte sind nicht die tollsten oder die letzten, aber sie sind ein guter Start.

So ist das auch mit dem Geben des Zehnten. Wenn Sie einmal das Fahrradfahren gelernt haben, brauchen Sie die Stützräder nicht mehr. Wenn Sie einmal angefangen haben zu geben, wird der Zehnte bedeutungslos. Und falls es Ihnen gelingt, das Fahrradfahren ganz ohne Stützräder zu lernen, ist das noch besser: Herzlichen Glückwunsch!

Verstehen Sie mich nicht falsch. Ich habe kein Problem damit, dass Leute mir sagen: »Wir leben nicht unter dem Zehnten«, solange das nicht als Ausrede dient, weniger zu geben. Aber wenn ich die oben erwähnte Statistik betrachte und mir die Lage unter den Christen ansehe, können die meisten von uns Starthilfe auf diesem Gebiet gebrauchen. Wenn Sie einen besseren Ausgangspunkt für das Geben als den Zehnten haben – wunderbar, lassen Sie sich nicht aufhalten! Aber falls nicht, stellt sich die Frage: Warum nicht einfach dort beginnen, wo Gott mit seinem Volk im Alten Bund begonnen hat?

In überreichem Maß geben

Paulus schreibt: »Achtet darauf, dass ihr auch in dieser Gnade überströmend seid« (2. Korinther 8,7). Genauso wie das Klavierspielen lässt sich auch das Geben lernen. Je mehr wir üben, desto besser werden wir. Man kann es wirklich üben, mehr, öfter und zielgerichteter zu geben. Man hat uns beigebracht, Experten in unserem Beruf zu werden. Warum nicht auch beim Geben? Wir können uns in das Thema richtig hineinknien, es mit anderen bereden, uns eine entsprechende Meinung dazu bilden und Experten darin werden.

Über das Geben der mazedonischen Christen heißt es: »Denn nach Vermögen, ich bezeuge es, und über Vermögen waren sie von sich aus willig« (2. Korinther 8,3). Was bedeutet es, *über* das Vermögen *hinaus* zu geben? Es bedeutet, über den Punkt hinauszukommen, an dem die Zahlen alle schön zusammenpassen. Es bedeutet, auch dann zu geben, wenn der Verstand sagt: »Das geht nicht.«

Scott Lewis war Teilnehmer einer Konferenz, auf der Bill Bright, der Gründer von Campus für Christus, die Anwesenden herausforderte, dem Herrn vorbehaltlos zu vertrauen, sodass er sie befähigen könnte, letztendlich eine Million Dollar zur praktischen Umsetzung des Missionsbefehls zu geben. Diesen Betrag fand Scott einfach nur abwegig und himmelweit entfernt von dem, was ihm möglich war. Seine Maschinenbaufirma ermöglichte ihm ein Einkommen von unter 50 000 Dollar im Jahr.

Bill fragte ihn freiheraus: »Wie viel haben Sie im letzten Jahr gegeben?« Scott war schon ein wenig stolz, als er antwortete: »Wir haben 17 000 Dollar gespendet, etwa 35 Prozent unseres Einkommens.«

Ohne die Miene auch nur ein bisschen zu verziehen, erwiderte Bill: »Warum haben Sie sich nicht 50 000 Dollar als aktuelles Spendenziel gesetzt?«

Scott dachte, dass Bill ihn falsch verstanden hätte. 50 000 Dollar waren mehr als sein Jahresgehalt! Dennoch beschlossen Scott und seine Frau, Gott bezüglich dieser Herausforderung zu vertrauen, und baten ihn um das Unmögliche. Und Gott versorgte sie auf unglaubliche Weise. Mit einem besonderen Wunder am 31. Dezember des Jahres waren die Eheleute Lewis in der Lage, 50 000 Dollar zu spenden. Für das kommende Jahr setzten sie ihr Spendenziel auf 100 000 Dollar. Und wieder versorgte Gott sie mit allem, was sie brauchten.

Scott schrieb mir eine kurze Nachricht, in der er erwähnte, dass sie 2001 die Eine-Million-Dollar-Marke beim Geben überschritten hatten.[19] Und das Beste ist, sie wollen damit nicht aufhören. *Genau das* bedeutet, in überreichem Maß zu geben.

Besser jetzt oder später?

Häufig werde ich gefragt: »Soll ich besser jetzt geben oder noch warten und darauf hoffen, dass die Geldanlagen sich gut entwickeln und ich in ein oder zwei Jahren mehr geben kann?«

---

19 A. d. H.: Die Grundsätze dieses Beispiels sind zweifellos nachahmenswert. Dennoch sollten wir auch berücksichtigen, was unser Herr in Matthäus 6,3-4 sagte: »Du aber, wenn du Wohltätigkeit übst, so lass deine Linke nicht wissen, was deine Rechte tut, damit deine Wohltätigkeit im Verborgenen bleibt; und dein Vater, der im Verborgenen sieht, wird es dir vergelten.«

Ich antworte dann mit zwei Gegenfragen: »Wann wollen Sie Gottes Segen erfahren?«, und: »Wollen Sie ganz sicher sein, dass das Geld dem Reich Gottes zugutekommt, oder sind Sie bereit, diesbezüglich ein Risiko einzugehen?«

Wenn wir einmal vor Gott stehen, glaube ich nicht, dass er uns scharf zurechtweist mit den Worten: »Du hast mir das Geschäft des Lebens verdorben, als du alles weggabst, noch bevor der Aktienkurs auf ein neues Allzeithoch kletterte.«

Ich bin ehrlich davon überzeugt, dass es nie falsch sein kann, das Geld jetzt zu geben. Mit 10 000 Prozent Zinsen (Matthäus 19,29) kann Gott im Himmel gleichsam wesentlich höhere Renditen erwirtschaften, als es der Wall Street oder dem Immobilienmarkt je möglich wäre.

Es ist eher andersherum: Wenn wir jetzt nicht geben, gehen wir in mehrfacher Hinsicht ein Risiko ein.

- Die wirtschaftlichen Bedingungen können sich ändern, und wir haben auf einmal viel weniger zu geben.

  Gott sagt in seinem Wort, dass wir nicht wissen, was morgen passieren wird (Jakobus 4,13-17). Unzählige Investoren waren sich bezüglich einer traumhaften Rendite »absolut sicher«, und am nächsten Morgen war das Geld weg.

- Unsere Herzenshaltung kann sich ändern, und was wir uns fest vorgenommen haben, mag in Vergessenheit geraten.

  Bei seiner Bekehrung spricht Zachäus in der Gegenwartsform: »Die Hälfte meiner Güter gebe ich den Armen« (Lukas 19,8). Wenn Sie eine derartige Entscheidung hinausschieben, kann das Herz es sich schnell anders überlegen und Nein sagen. Warum? Weil derjenige, der das Geben aufschiebt, dem Herzen mehr Zeit gibt, sich stärker an die Erde zu binden und weniger den Himmel im Blick zu haben.
- Unser Leben könnte schon vorbei sein, bevor wir gegeben haben.

Vielleicht ist Ihre Antwort: »Das ist überhaupt kein Problem. Genau für diesen Fall habe ich vorgesorgt. In meinem Testament werden meine Gemeinde und diverse Missionswerke in angemessener Weise bedacht.« Kümmern Sie sich auf jeden Fall um eine gute Nachlassplanung und geben Sie großzügig Geld für Gottes Reich. Aber wie viel Gottvertrauen braucht es, sich von seinem Geld mit dem letzten Atemzug zu verabschieden? Null. Sie haben ja gar keine andere Wahl!

Der unmittelbar bevorstehende Tod ist nicht die beste Möglichkeit, Geld für Gott zu geben; er ist der Schlusspunkt Ihrer Gelegenheiten, etwas für Gott zu geben. Gott belohnt Glaubensschritte, die wir gehen, solange wir noch am Leben sind.

Wichtig ist auch, *wem* wir etwas geben. Ist das begünstigte christliche Werk (oder wer immer es ist) es wert, dass man ihm Geld gibt? Ich halte es mit den Worten des Finanzberaters Ron Blue, der einmal gesagt hat: »Gib dein Geld, solange du lebst, damit du weißt, wohin es geht.«

Von John Wesley stammt der Ausspruch: »Geld bleibt nie bei mir. Es würde mich verbrennen, wenn es bliebe. Ich werfe es so schnell wie möglich von mir, damit es nicht etwa seinen Weg in mein Herz findet.«[20] Wesley hat während seines Lebens aufgrund seiner Bücher ansehnliche Tantiemen erhalten, aber sein Ziel war, Geld so großzügig wegzugeben, dass er bei seinem Tod fast nichts zurückließ. Er hat sein Ziel erreicht. Als es noch Wert hatte, hat er sein »Südstaatengeld« in die Währung der Zukunft, in himmlische Schätze eingetauscht.

Wenn der Herr Jesus wiederkommt, was wird mit all dem Geld auf Bankkonten sowie in Pensionsfonds, Immobilienfonds und Stiftungen passieren? Verbrennen wird es wie Holz, Heu und Stroh. Aber es hätte noch gegen Gold, Silber und Edelsteine eingetauscht werden können. Geld, das man noch hätte gebrauchen können, um Hungernde zu speisen und den Missionsbefehl Jesu auszuführen, wird in Flammen aufgehen.

---

20 URL: http://www.fest-und-treu.de/index.php?id=2&a=873 (abgerufen am 15.7.2016).

Haben Sie sich schon einmal an einem von diesen Kartenspielen beteiligt, bei dem derjenige gewinnt, der als Erster keine Karten mehr hat? Am Ende wird jede Karte, die Sie noch auf der Hand haben, zu Ihren Ungunsten gezählt. Der amerikanische Traum besteht darin, mit so vielen Karten wie möglich zu sterben. Aber bringt es das wirklich? Ich denke, wir sollten uns die Strategie von John Wesley zu eigen machen, mit möglichst wenig Karten auf der Hand zu sterben.

Was werden wir unseren Kindern zurücklassen?

»Und was ist mit unseren Kindern?«, mögen Sie einwenden. »Sollten wir ihnen nicht all unseren Besitz vererben?« Die Antwort ist Nein.

Meine Frau Nanci und ich werden unseren Töchtern nur so viel vererben, dass es ihnen eine kleine Hilfe ist. Dies wird aber nicht so viel sein, dass sie etwa ihren Lebensstil ändern könnten oder aufhören würden, mit ihren Männern zu planen und zu beten und in ihnen diejenigen zu sehen, die den größten Teil des Familieneinkommens erbringen. Das haben wir mit ihnen besprochen. Sie haben Verständnis dafür und unterstützen sogar unser Anliegen, das meiste einfach Gott zu geben.

Wer seinen Kindern eine große Erbschaft hinterlässt, verpasst nicht nur eine Gelegenheit, in Gottes

Reich zu investieren. Häufig schadet es auch den Kindern.

In den vergangenen Jahren habe ich ungezählte Horrorgeschichten zum Thema Erbschaft gehört. Schauen Sie sich bitte einmal Menschen an, die richtig viel geerbt haben. Sie werden entdecken, dass viele von ihnen unglücklicher, geiziger und zynischer geworden sind. Wer muss schon hart arbeiten, wenn er eine riesige Erbschaft bekommen hat? Wenn Geld da ist, werden neue Versuchungen (und auch Süchte) wach. Wer demjenigen, der sorglos Geld ausgibt, noch mehr überlässt, ist wie einer, der Benzin ins Feuer gießt. Und ich wüsste nicht, ob es etwas gibt, was Geschwisterbande schneller auseinanderreißt als ein großes Erbe. Wer für die Belange des Reiches Gottes mehr gibt und finanziell unabhängigen Kindern weniger überlässt, handelt aus Liebe nicht nur gegenüber Gott, sondern auch gegenüber seinen Kindern.

Zur Zeit des Alten Testaments war das den Kindern hinterlassene Erbe überlebenswichtig (Sprüche 13,22), denn die Kinder konnten sich kein eigenes Land leisten und standen somit in der Gefahr, versklavt zu werden oder außerstande zu sein, für ihre Eltern zu sorgen. Heute dagegen sind Erbschaften häufig ein willkommenes Geschenk für Leute, die finanziell unabhängig sind und bereits mehr haben, als sie brauchen.

Von Andrew Carnegie stammt der Ausspruch: »Wenn der ›allmächtige Dollar‹ an Kinder vererbt wird, ist das ein ›allmächtiger Fluch‹. Niemand hat das Recht, sein Kind mit dem Handicap eines großen Vermögens zu belasten.«

Ihre Kinder sollten es lernen, den Herrn zu lieben und hart zu arbeiten. Sie sollten erfahren, welche Freude es mit sich bringt, Gott zu vertrauen – auch in materiellen Dingen. Wesentlich wichtiger, als den Kindern ein großes materielles Erbe zu hinterlassen, ist das Anliegen, ihnen ein geistliches Erbe zu hinterlassen. Wenn Sie Ihren Kindern Geld vererben, das sie gar nicht brauchen, würden diese es doch sowieso Gott geben, falls sie sich diesbezüglich die richtige Einstellung angeeignet hätten. Warum also geben Sie es dann nicht gleich Gott, der es Ihnen doch anvertraut hat?

Bitte beziehen Sie Gott in Ihre Erbangelegenheiten ein. Lassen Sie ihn entscheiden, wie viel Sie Ihren Kindern dalassen sollen. Wenn sie schon erwachsen sind, dann gehört das Geld, das Sie mit Gottes Hilfe verdient haben, sowieso nicht ihnen, sondern ihm. Betrachten Sie es doch einmal von dieser Seite: Wie fänden Sie es, wenn *Ihr* persönlicher Geldverwalter sterben und all Ihr Geld *seinen* Kindern geben würde?

Warum hat Gott uns so viel anvertraut?

Jesus sagte: »Gebt, und euch wird gegeben werden: Ein gutes, gedrücktes, gerütteltes und überlaufendes Maß wird man in euren Schoß geben; denn mit demselben Maß, mit dem ihr messt, wird euch wieder zugemessen werden« (Lukas 6,38).

Je mehr Sie geben, desto mehr bekommen Sie zurück, denn Gott ist der größte Geber im ganzen Universum, und man kann ihn beim Geben nicht übertreffen. Probieren Sie es aus und warten Sie ab, was passieren wird.

R.G. LeTourneau hatte Erdbewegungsmaschinen erfunden. 90 Prozent seines Einkommens gab er weg. Aber das Geld kam schneller zurück, als er es weggeben konnte. LeTourneau sagte: »Ich schaufle Geld hinaus, und Gott schaufelt es wieder zurück … doch Gott hat die größere Schaufel.«[21]

Ein Evangelium, das Gesundheit und Wohlstand verspricht, ehrt Christus nicht. Wer ein Evangelium propagiert, das in Amerika besser »funktioniert« als in China, verkündigt überhaupt keine biblische Heilsbotschaft. Die Theologie des Wohlstandsevangeliums beruht auf einer Halbwahrheit. Ja, es kann *durchaus* sein, dass Gott einen Geber auch materiell segnet, aber Gott ist nicht wie einer dieser Glücksspielautomaten, bei denen man niemals verlieren kann. Er gleicht nicht demjenigen, der bei einer Auktion die Gebote für uns abgibt. Geben ist Opfer, und selbstverständlich *spüren* wir manchmal, dass es wirklich ein Opfer ist.

21 URL: https://books.google.de/books?id=2MvmCgAAQBAJ&pg=PT83&lpg=PT83&dq=#v=onepage&q&f=false (abgerufen am 15. 7. 2016).

Gottes Belohnung steht absolut fest und kommt »zu seiner Zeit«. Das muss nicht zwangsläufig heute oder morgen sein, sondern kann sich auch auf die Ewigkeit beziehen (Galater 6,9).

Gott hat uns einen gewaltigen materiellen Segen gegeben. Haben Sie sich je gefragt: ›Warum hat er uns bloß so viel gegeben?‹ Sie müssen sich nicht ratlos am Kopf kratzen. Paulus gibt uns die Antwort:

> Der aber, der dem Sämann Samen darreicht und Brot zur Speise, wird eure Saat darreichen und vermehren und die Früchte eurer Gerechtigkeit wachsen lassen, indem ihr in allem reich gemacht werdet zu … (2. Korinther 9,10-11).

Wozu? Wie geht dieser Satz weiter? Die Wohlstandstheologie würde ihn so beenden: »… zum Wohlstand, damit wir der Welt zeigen können, wie sehr Gott die segnet, die ihn lieben.«

Anders Paulus. Er beendet den Satz mit diesen Worten: »… zu aller *Freigebigkeit*[22]*, die durch uns Gott gegenüber Dank bewirkt*« (V. 11; Schlachter 2000).

Das bringt uns zum sechsten und zugleich letzten Schlüssel für das richtige Schätze-Sammeln:

22 Hervorhebung durch den Autor.

Schlüssel Nr. 6

Gott lässt es mir finanziell gut gehen, nicht um meinen Lebensstandard zu erhöhen, sondern um meinen »Gebensstandard« anzuheben.

Gott lässt uns nicht im Unklaren, wenn es um die Frage geht, warum er uns mehr gibt, als wir brauchen. Seine Antwort ist glasklar. Er will nicht, dass wir uns noch tollere und bessere Sachen leisten können oder dass wir uns und unsere Kinder noch mehr verwöhnen, und schon gar nicht, dass wir meinen, seine Versorgung nicht mehr nötig zu haben.

Vielmehr gibt er, damit wir *geben* können, und zwar großzügig.

Wenn Gott uns mehr gibt, als wir brauchen, folgern wir daraus: »Gott segnet uns.« Ja, gut. Aber die Schlussfolgerung »Gott stellt uns auf die Probe« ist genauso biblisch.

Natürlich hat auch der Verwalter Bedürfnisse. Und der Besitzer ist großzügig. Er verlangt nicht, dass seine Angestellten in Armut leben oder sich sinnvolle Ausgaben für den eigenen Unterhalt verkneifen.

Stellen Sie sich bitte vor, dass der Besitzer uns dabei zuschaut, wie wir in großen, luxuriösen Häusern wohnen, nur die besten Autos fahren und erster Klasse fliegen. Wie unsere Kleidung stets der neuesten Mode entspricht, wie wir die teuersten Handys und Laptops unser Eigen nennen und nur in vornehmen Restaurants essen. Seien wir mal ehrlich. Es gibt doch diese Linie zwischen sinnvollen Ausgaben und unnötigem Luxus. Wenn der wirkliche Besitzer dieser Dinge uns sieht, wird er uns zur Rechenschaft ziehen mit den Worten: »Warum verschwendet ihr mein Geld für euren Luxus?«

Gott nennt uns seine Diener und verlangt von uns, dass wir »für treu befunden« werden (1. Korinther 4,2). Wir – Männer und Frauen gleichermaßen – sind Gottes Laufburschen. Das sollten wir nicht vergessen, wenn wir unser Gehalt festsetzen. Wir dürfen uns nicht selbst überschätzen. Wir sind nicht der Inhaber des Geschäfts, wir arbeiten dort nur.

Nur mal angenommen, Sie haben da etwas ganz Wichtiges, was von A nach B kommen soll. Sie packen es ein, kleben die Adresse darauf und übergeben es dem Kurierdienst. Wie fänden Sie es, wenn der Kurier, anstatt das Paket auszuliefern, es mit nach Hause nehmen, öffnen und den Inhalt sein Eigen nennen würde?

Ich bin mir sicher, Sie würden nach Luft schnappen und ärgerlich werden: »Was ist denn mit dem los? Das Paket gehört ihm doch gar nicht. Er ist ja nur der Überbringer. Alles, was er machen soll, ist, das Paket von A nach B zu bringen.«

Nur weil Gott sich entschieden hat, sein Geld in unsere Hände zu legen, bedeutet das noch nicht, dass es dort auch bleiben soll!

Und darum ermutigte Paulus die Korinther, für die Not leidenden Christen in Jerusalem tief in die Tasche zu greifen:

> In der jetzigen Zeit diene euer Überfluss dem Mangel jener, damit auch der Überfluss jener für euren Mangel diene, damit Gleichheit entstehe; wie geschrieben steht: »Wer viel sammelte, hatte keinen Überfluss, und wer wenig sammelte, hatte keinen Mangel« (2. Korinther 8,14-15; RELB).

Warum gibt Gott manchen seiner Kinder mehr und anderen weniger, als sie brauchen? Die Antwort liegt auf der Hand: Er setzt sie ein, damit sie einander helfen. Wir sollen nicht zu wenig oder zu viel haben (Sprüche 30,8-9). Wenn die im Überfluss Lebenden an die Notleidenden abgeben, dann schlagen wir zwei Fliegen mit einer Klappe. Wenn nicht, dann bestehen diese Probleme weiter.

Gott verteilt die Güter nicht etwa ungleich, weil er uns unterschiedlich liebt, sondern damit wir in seinem Auftrag gute Gaben an unsere Brüder und Schwestern weitergeben.

Paulus schreibt, dass Gott, der dem Sämann den Samen gibt, das Saatgut auch vermehren wird. Warum? Damit das Saatgut in großen Lagern gestapelt wird oder etwa als Nahrung dient? Natürlich nicht. Saatgut muss ausgestreut und verteilt werden, damit es reiche Frucht bringt. Gott gibt uns nicht in Hülle und Fülle, damit wir in Saus und Braus leben. Er gibt uns, damit wir anderen helfen. Er vertraut mir das Geld nicht an, damit ich mein eigenes kleines Reich auf Erden baue, sondern mich für die Belange seines Reiches im Himmel einsetze.

Sind Sie darauf bedacht, Saatgut auszustreuen auf dem Acker einer Welt, die Christus braucht? Versetzt der Gedanke, dass man etwas geben kann, was in Ewigkeit zählt, Sie in Begeisterung? Lässt der Gedanke, dass man Schätze im Himmel sammeln kann, Ihr Herz höherschlagen?

Hätten wir diese in der Bibel erwähnte, über das Irdische hinausgehende Belohnung verstanden, würden wir wie die Mazedonier inständig um die Möglichkeit bitten, etwas geben zu dürfen.

Tantiemen und Gottes Fürsorge

Erinnern Sie sich noch an das Gerichtsurteil über 8,2 Millionen Dollar, das gegen mich verhängt worden war? Kürzlich ist dessen Zehnjahresfrist abgelaufen. Vonseiten des Vorstands unseres Werkes wurde mir die freudige Nachricht überbracht: »Randy, die Zeit deines Mindestlohns ist vorbei. Du darfst den Gewinn aus den Buchverkäufen wieder für dich nehmen.«

Nanci und ich berieten uns und beteten über diese Sache. Nein, wir brauchten keinen höheren Lebensstandard. Wir benötigten kein größeres Haus oder kein besseres Auto. Wir brauchten keine bessere Altersversorgung oder noch mehr Versicherungsschutz. Also sagten wir freudig: »Vielen Dank, aber unsere Antwort ist nein.« (Später erfuhren wir, dass auf Antrag der Abtreibungsklinik die Geltungsdauer des betreffenden Urteils um weitere zehn Jahre verlängert wurde. Aber wir waren dankbar, dass wir das zum Zeitpunkt unserer Entscheidung nicht wussten.)

Sie haben mich richtig verstanden. Die Einnahmen aus den Buchverkäufen gehören nicht uns, sondern Gott. Nanci und ich bekommen den Betrag x, mit dem wir gut leben können. Der ganze Rest kommt dem Reich Gottes zugute. Wir brauchen nicht 1 000 000 oder 100 000 Dollar. Wir kommen mit wesentlich weniger aus. Gott versorgt uns treu. Und wir erleben eine der größten Freuden, die es gibt – die Freude des Gebens.

KAPITEL 6

Für genau diese Zeit

Unsere Aufgabe an jedem Tag
sei die Vorbereitung für unseren letzten Tag.
MATTHEW HENRY

Alfred Nobel ließ die Zeitung sinken und vergrub erschüttert seinen Kopf in den Händen.

Man schrieb das Jahr 1888. Nobel war ein schwedischer Chemiker, der mit der Erfindung und Produktion von Dynamit ein Vermögen gemacht hatte. Gerade war sein Bruder Ludvig in Frankreich gestorben.

Und jetzt mischte sich großes Entsetzen in die Trauer um seinen Bruder. Er hatte soeben einen Nachruf in einer französischen Zeitung gelesen. Aber nicht den Nachruf auf seinen Bruder, sondern *auf ihn selbst*! Ein Redakteur hatte die beiden Brüder durcheinandergebracht. Die Überschrift lautete: »Der Händler des Todes ist tot«. In diesem Nachruf wurde er – Alfred Nobel – als Mann beschrieben, der Menschen half, andere zu töten, und damit reich geworden war.

Von dieser katastrophalen Einschätzung seines Lebens tief getroffen, riss er das Steuer herum. Mit seinem Reichtum wollte er ein anderes Vermächtnis hinterlassen. Als er acht Jahre später starb, hinterließ er mehr als neun Millionen Dollar zur Gründung einer Stiftung. Mit dem Geld sollten alljährlich Menschen, die jeweils den größten Nutzen für die Menschheit erbracht hatten, ausgezeichnet werden. Diese Auszeichnungen wurden als Nobelpreise bekannt.

Alfred Nobel hatte die seltene Chance erhalten, am Ende seines Lebens Rückschau halten und Änderungen vornehmen zu können. Bevor sein Leben zu Ende ging, sorgte er dafür, dass sein Reichtum in etwas investiert wurde, was weit über seinen Tod hinausreichte.

Fünf Minuten nach unserem Tod

Am Ende des Films *Schindlers Liste* gibt es eine sehr eindrückliche Szene, in der Oskar Schindler, der den Nazis viele Juden abgekauft hatte, sein Auto und seine goldene Krawattennadel anschaut und zutiefst bedauert, dass er nicht mehr Geld und Güter zur Rettung der Juden eingesetzt hatte. Dabei hatte Schindler seine Möglichkeiten um ein Vielfaches besser ausgenutzt als die meisten anderen. Aber trotzdem sehnte er sich letztendlich nach einer Möglichkeit, Dinge noch einmal besser entscheiden zu können.

Menschen ohne Christus werden keine zweite Chance erhalten, ihr Leben nochmals von vorn zu beginnen und diesmal ein Leben mit Christus zu führen. Auch Christen werden keine zweite Chance bekommen, ihr Leben noch einmal zu leben und diesmal Bedürftigen viel mehr zu helfen und in die Belange des Reiches Gottes mehr zu investieren. Wir haben nur eine kurze Zeitspanne – nämlich das Leben hier auf der Erde –, um unsere Gaben in Gottes Reich zu investieren, damit wir etwas Entscheidendes bewirken können.

John Wesley sagte: »Ich beurteile alles nur an dem Wert, den es in der Ewigkeit hat.« Und von dem Missionar C. T. Studd stammen folgende Worte:

Wir haben hier nur ein Leben,
wie schnell vergeht die Zeit!
Nur das, was für Christus wir taten,
bleibt auch in Ewigkeit.

Fünf Minuten nach unserem Tod werden wir genau wissen, wie wir hätten leben sollen. Aber die gute Nachricht ist, dass wir nicht so lange warten müssen. Gott hat uns sein Wort gegeben, damit wir wissen können, wie wir leben sollen. Und außerdem noch den Heiligen Geist, der uns die Kraft dazu gibt.

Fragen Sie sich selbst: ›Woran werde ich fünf Minuten nach meinem Tod denken, wenn ich zurückblicke? Was hätte ich da weggeben sollen, als ich noch die Chance dazu hatte?‹ Wenn Ihnen da eine Antwort einfällt, warum geben Sie es dann nicht jetzt gleich weg? Wir sollten den Rest unseres Lebens damit zubringen, die Kluft zwischen dem nachträglichen Bedauern (›ich hätte es weggeben sollen‹) und dem Handeln (›jetzt gebe ich es weg‹) zu schließen.

Nobel gelang es, sein Vermächtnis zu ändern, was *diese* Welt betraf. Wir dagegen haben die viel größere Möglichkeit, unser Vermächtnis zu ändern, was die *kommende* Welt angeht.

Wenn Sie diese Welt verlassen, woran wird man sich erinnern? Dass Sie jemand waren, der Schätze auf Erden anhäufte, die er nicht mitnehmen konnte? Oder dass Sie ein Mensch waren, der Schätze im Himmel sammelte, die er nicht verlieren konnte?

Versetzen Sie sich einmal in Alfred Nobels Lage. Stellen Sie sich vor, Sie müssten einen Nachruf verfassen, der Ihr eigenes Leben betrifft. Nehmen Sie daher Papier und Bleistift zur Hand und gehen Sie ans Werk. Listen Sie einmal auf, woran man sich erinnern wird. Also, auf geht's.

Schon fertig? Jetzt lesen Sie einmal, was Sie geschrieben haben. Wie fühlen Sie sich dabei? Sind Sie zufrieden?

Bitte tun Sie es nochmals, diesmal aus himmlischer Perspektive, vielleicht geschrieben von einem Engel, der Sie Ihr Leben lang beobachtet hat. Denken Sie, dass Gott mit Ihrem irdischen Leben zufrieden ist?

Vielleicht leben Sie Ihr Leben klar auf Christus und sein Wort hin und haben nur wenig zu bereuen. Möglicherweise sammeln Sie täglich Schätze für den Himmel.

Oder auch nicht. Eventuell geht es Ihnen wie mir: Sie sehnen sich danach, dass Ihr Lebensfilm dem Vater im Himmel mehr Freude als bisher bereitet. Vielleicht zieht Sie das herunter, was Sie da aufgelistet haben. Wenn das der Fall ist, sollten Sie die Flinte nicht ins Korn werfen. Die gute Nachricht ist doch, dass Sie noch da sind! Nobel nutzte seine Möglichkeit auf irdischer Ebene, und auch Sie dürfen sich auf geistlicher Ebene von Gott befähigen lassen, Ihrem Leben in Einklang mit den neu gefundenen Prioritäten eine andere Weichenstellung zu geben. Dann wird auch der entsprechende Nachruf anders ausfallen.

Die Gabe des Gebens

In Römer 12 spricht Paulus über die Gaben des Geistes. Er nennt die Prophetie, das Dienen, die Gabe der Lehre sowie der Barmherzigkeit und das Geben. Ich bin davon überzeugt, dass in den Kirchen und Gemeinden der westlichen Welt von allen Gaben, die im Neuen Testament genannt werden, über die Gabe des Gebens am wenigsten gepredigt und gelehrt wird.

Natürlich sind wir alle dazu berufen, zu dienen, Barmherzigkeit zu erweisen und zu geben, auch wenn wir nicht diese spezifischen Gaben haben. Aber ich glaube, dass Gott bestimmte Gaben zu bestimmten Zeiten in der Geschichte in besonderem Maße gegeben hat. (Denken Sie nur an die Gabe der Barmherzigkeit in Zeiten, in denen verheerende Seuchen wüten.)

Angenommen, Gott wollte die Weltevangelisation endlich zum Abschluss bringen und einer bisher nicht da gewesenen Anzahl von leidenden Menschen helfen. Welche Gaben sollte er dann Ihrer Meinung nach reichlich austeilen? Vielleicht die Gabe des Gebens? Und was wäre da im Blick auf die Menschen erforderlich, denen er diese Gabe zugedacht hat? Vielleicht nicht da gewesener Reichtum, um all den Nöten zu begegnen und die Anliegen seines Reiches voranzutreiben?

Bitte schauen Sie sich um. Hat Gott nicht genau das bereits getan? Die Frage ist doch: Was haben wir mit den Reichtümern gemacht, die er uns anvertraut hat, damit er Verlorene retten kann und Notleidenden geholfen wird?

Die Gabe der Lehre haben wir regelmäßig vor Augen. Wir wissen, wie sie aussieht. Wir hören auch Erfahrungsberichte davon, wie Gott in Krankheitsnot auf wunderbare Weise eingreift. Wir hören von Ehen, die wieder heil wurden, und von sehr vielen anderen Dingen. Aber wir hören fast nichts über die Gabe des

Gebens. Wir hören von Leuten, die Dinge im Gebet erkämpfen und die Bibel gründlich studieren, aber nur äußerst selten von Menschen, die den größten Teil ihres Einkommens dem Herrn geben.

Es geschieht immer öfter, dass Christen einander jene Fragen stellen, die das Gewissen berühren: »Wie sieht es in deiner Ehe aus?« »Hast du Gottes Wort gelesen?« »Wie geht es dir beim Thema sexuelle Reinheit?« »Erzählst du anderen von Jesus?« Aber wie oft fragen wir einander: »Und wie viel Geld gibst du für Gott?«, oder: »Hast du Gott bestohlen?«, oder: »Gewinnst du die Schlacht gegen den Materialismus?«

Beim Thema Geben herrscht in den Gemeinden der Grundsatz vor: »Bloß nichts fragen, bloß nichts sagen.« An dieser Stelle mangelt es uns an Kommunikation, Rechenschaft und Vorbildern. Fast so, als wenn es da eine unausgesprochene Vereinbarung gibt: »Ich werde damit nicht anfangen, wenn du ebenso den Mund hältst; dann können wir beide weiterleben wie bisher.«

Ist da etwas dran? Wie lernt denn ein Neubekehrter in unserer Gemeinde das Geben? Wo kann er hinschauen und verstehen, wie man als Gläubiger gibt, der sich Christus ganz zur Verfügung gestellt hat? Wir brauchen uns nicht zu wundern, wenn sein Verhalten von einer materialistisch geprägten Gesellschaft bestimmt wird. Er hat ja keine guten Vorbilder vor Augen.

Gott will, dass wir einander zur Liebe und zu guten Werken anreizen (vgl. Hebräer 10,24). Das heißt doch, dass wir einander anspornen sollen, auch beim Geben.

Vielleicht wird Ihnen das jetzt zu viel, und Sie entgegnen: »Aber wir wollen uns beim Geben doch nicht vergleichen.« Paulus sieht das anders. Er will die Korinther anspornen, indem er ihnen von den Gaben der Mazedonier erzählt und diese mit ihren eigenen Gaben vergleicht (2. Korinther 8,7-8). Dixie Fraley erzählte mir von einigen ihrer Bekannten: »Sie geben wirklich beispielhaft, und jedes Jahr versuchen wir, einander zu übertreffen!« Warum denn nicht? Ist nicht genau das gemeint, wenn es darum geht, einander anzuspornen? Sollten wir uns nicht gegenseitig helfen, die Messlatte beim Geben anzuheben, damit wir lernen, ein bisschen höher zu »springen«?

Aber Gottes Wort warnt uns bezüglich der Motivation. Wir sollen nicht geben, *damit* die Menschen es sehen (Matthäus 6,1). Und mit dem Geben soll auch kein Stolz genährt werden. Aber Jesus hat auch gesagt: »Ebenso lasst euer Licht leuchten vor den Menschen, damit sie eure guten Werke sehen und euren Vater, der in den Himmeln ist, verherrlichen« (Matthäus 5,16). Durch eine einseitige Auslegung der entsprechenden biblischen Lehre haben wir das Geben unter den Scheffel gestellt. Infolgedessen unterlassen wir es, den Christen das Geben beizubringen. Und darum fehlen ihnen diesbezüglich auch Freude und Sinn.

In unserer Gemeinde haben wir einen Pastor, der für den Bereich Mission verantwortlich ist. Als er von einer Reise in den Sudan zurückkam, berichtete er von versklavten Christen in dieser Region. Daraufhin entschlossen sich spontan einige Familien, in diesem Jahr die Weihnachtsgeschenke ausfallen zu lassen, um das gesparte Geld zur Befreiung der Sklaven einzusetzen. Die Viertklässler einer Schule in unserer Gegend sammelten bei verschiedenen Aktivitäten Tausende von Dollar, die dem gleichen Zweck zugutekamen. Eine Schülerin aus der sechsten Klasse opferte die 50 Dollar aus dem eigenen Sparschwein. Sie hatte das Geld für die Teilnahme an einem Basketballturnier gespart. Jetzt spendete sie für sudanesische Gläubige.

Ein Kind aus einer anderen Familie, die mehrere Hundert Dollar für einen Besuch in Disneyland zurückgelegt hatte, bat die Eltern, das Geld lieber zur Sklavenbefreiung zu verwenden. Es dauerte nicht lange, da hatten die Leute 60 000 Dollar für den Freikauf versklavter Christen gespendet. Wir hatten für diese Aktion nie eine Sammlung angesetzt, doch das Geben war einfach ansteckend. Die Menschen erzählten sich gegenseitig, was sie beim Geben erlebt hatten, und das hat die ganze Gemeinde begeistert und angespornt, noch mehr zu geben. Selten hat unsere Gemeinde so wunderbare Zeiten erlebt, und ein wesentlicher Faktor dabei war, dass Leute sich darüber austauschten, wie Gott ihnen das Geben aufs Herz gelegt hatte.

König David erzählte seinem Volk im Detail, wie viel er für den Tempelbau gespendet hatte. Er gab ebenso vor allen bekannt, was genau die Führer des Volkes an Gold, Silber und Edelsteinen gespendet hatten: »… Und das Volk freute sich über ihre Bereitwilligkeit, denn mit ungeteiltem Herzen zeigten sie sich bereitwillig für den HERRN« (1. Chronik 29,6-9). Die Angehörigen des Volkes freuten sich also mit; aber nur, weil sie die Beträge kannten, die ihre Obersten gegeben hatten, wurde ihre Freude konkret. Sie konnten dem Vorbild ihrer Obersten nacheifern, aber nur, weil sie wussten, wie viel sie gegeben hatten. Wenn wir in aller Demut uns die Geschichten erzählen, die wir mit dem Geben erlebt haben, könnte das dazu beitragen, dass unsere Gemeinden das Geben lernen werden.

Wir müssen Bescheid wissen über die Witwe in der Gemeinde, die nur ein geringes Einkommen hat und jeden Donnerstag fastet, damit sie das gesparte Geld den Hungernden geben kann, sodass diese etwas zu essen haben. Für mein geistliches Leben wäre es ein massiver Verlust gewesen, wenn ich nicht die Geschichten von Hudson Taylor, Georg Müller, Amy Carmichael und R. G. LeTourneau kennengelernt hätte. Diese Gläubigen wollten mit ihrem Leben Gott gefallen und nicht mir. Aber als ich von Gottes Wirken in ihrem Leben las, hat es mich angespornt, Gott noch viel stärker zu vertrauen.

Das Bewusstsein, dass wir zu einem bestimmten Auftrag berufen sind

Der Umstand, dass Sie gerade dieses Buch lesen, gehört vermutlich zu Gottes Plan, Ihr Leben zu verändern, sodass wiederum bestimmte geschichtliche Abläufe geändert werden und die Auswirkungen dieser Veränderungen bis in die Ewigkeit hineinreichen.

Erinnern Sie sich daran, was Mordechai der Esther entgegnete? Er sagte: »Denn wenn du in dieser Zeit schweigst, so wird Befreiung und Errettung für die Juden von einem anderen Ort her erstehen; du aber und deines Vaters Haus, ihr werdet umkommen. Und wer weiß, ob du nicht für eine Zeit wie diese zum Königtum gelangt bist?« (Esther 4,14).

Esther befand sich in einer besonders guten und privilegierten Stellung. Und das gilt auch für fast jeden Leser dieses Buches. Konnten Sie zur Schule gehen und sich bilden? Haben Sie Nahrung, Kleidung, ein Dach über dem Kopf, ein Auto und eine gewisse technische Grundausstattung (Computer usw.)? Dann gehören Sie definitiv zu den Privilegierten, den Reichen dieser Welt.

Warum hat Gott Ihnen ein derartiges Vorrecht geschenkt, indem er Ihnen diesen Reichtum anvertraut hat? Für eine Zeit wie diese, wie bei Esther. Gott hat Sie in seiner Souveränität materiell besser gestellt als viele Menschen auf dieser Welt. Wenn ich mir die von Gott gegebenen Ressourcen und Möglichkeiten in meiner Familie einmal bewusst mache, wird mir schnell klar, dass wir Teil eines viel größeren Plans sind, der weit über unser kleines Umfeld in Oregon hinausreicht.

Es gibt ein christliches Werk, das nennt seine Hauptspender »Die Handvoll, die Geschichte schreibt«[23]. Nehmen sich diese Leute mit dieser Bezeichnung nicht ein bisschen wichtig? Nein, ich denke nicht. Wenn wir für Gottes große Anliegen Geld geben, wird uns bewusst, dass wir Teil einer Bestimmung sind. Es ist doch kein Zufall, dass Sie sich gerade in dieser Zeit und an diesem Ort der Geschichte befinden. Bitte erinnern Sie sich nochmals daran, warum der Gott, der alles im Voraus weiß, Ihnen so viel gegeben hat: »In der jetzigen Zeit diene euer Überfluss dem Mangel jener … ihr werdet in allem reich gemacht zu aller Freigebigkeit« (2. Korinther 8,14; 9,11; RELB).

Ist das Ihre Bestimmung? Beruft Gott Sie dazu, ein großzügigerer Spender zu sein? Will er, dass Sie zusammen mit anderen die befreiende Freude des Schatzprinzips erfahren?

Sie haben schon einmal von Gebetskämpfern gehört. Wie wäre es mit »Gebenskämpfern«? Gott hat uns unglaublich viel anvertraut. Vielleicht ist Gott gerade dabei, eine große Armee von Gebern zu-

---

23 A. d. H.: Der englischsprachige Name, *History's Handful*, ist zugleich die Eigenbezeichnung dieses Werkes, das z. B. in der Schweiz in die überkonfessionelle Arbeit von Campus für Christus integriert ist.

sammenzustellen, indem er Sie aufruft, sich darin einzureihen.

Wahrscheinlich kennen Sie das Gebet des Jabez: »Segne mich und erweitere mein Gebiet!« (1. Chronik 4,10; NeÜ). Warum sollten wir dieses Gebet nicht auf das Geben anwenden? Wie wäre es, wenn Sie den Betrag x, den Sie zum Leben brauchen, festlegen und dann Gott sagen, dass Sie alles, was er Ihnen darüber hinaus gibt, ihm zurückgeben?

Wir haben keine Ahnung, wie lange unser Wohlstand noch Bestand hat. Warum den Überfluss nicht weggeben, solange es noch möglich ist? Lassen Sie uns geben, bis wir immer mehr nach den Projekten des Reiches Gottes streben, statt innerlich mit den Umbauvorhaben für unser Haus, irgendwelchen geschäftlichen Unternehmungen, dem vorgesehenen Traumurlaub oder Pensionsplänen beschäftigt zu sein.

Fragen wir doch Gott selbst, ob wir nicht aufhören sollen, hier noch unser Traumhaus zu bauen, wo der Bräutigam der Gemeinde das »Traumhaus im Himmel« schon längst für uns baut. Und lassen Sie uns in der Zwischenzeit mit Gottes Geld etwas bauen, was eines Tages nicht in Rauch aufgehen wird, sondern Ewigkeitswert hat.

Zum Nachdenken

»Wie viel soll ich denn als freiwilliges Opfer geben?« Diese Frage kann Ihnen nur Gott beantworten. Also fragen Sie ihn. Für das freiwillige Opfer hat er keinen Betrag oder Prozentsatz festgelegt. Und vielleicht hat er es eigens aus dem Grund getan, dass wir zu ihm kommen und ihn fragen. Er wird antworten, das hat er versprochen (Jakobus 1,5). Wir müssen nur hören und handeln.

Ihr Geld sollte zuerst Ihrer örtlichen bibeltreuen Gemeinde zukommen, in der Christus im Mittelpunkt steht. Sie ist die geistliche Gemeinschaft, der Sie verantwortlich sind (Galater 6,6; 1. Korinther 9,9-12). Darüber hinaus können Sie großzügig Missionswerke und übergemeindlich tätige Werke unterstützen, wenn Sie deren Übereinstimmung mit biblischen Maßstäben sorgfältig geprüft haben.[24]

Oft werde ich gefragt, ob man auch für weltliche Organisationen spenden soll, die humanitäre und karitative Anliegen verfolgen. Ich kann das verstehen, aber die entscheidende Frage ist doch, ob diese Organisationen Gottes Herzensanliegen wie Evangelisation, Gemeindegründung oder Hilfe für die Armen im Namen Christi vorantreiben. Viele Leute

24 Randy Alcorn, »Nineteen Questions to Ask before You Give to Any Organization« (A. d. H.: svw. »19 Fragen, die Sie sich stellen sollten, bevor Sie für ein beliebiges Werk spenden«), Eternal Perspective Ministries, URL: http://www.epm.org/givquest.html (abgerufen am 15. 7. 2016).

in den USA und darüber hinaus unterstützen Colleges und Hochschulen, die nur noch dem Namen nach christlich sind und in Wirklichkeit ihre Studenten in die Irre führen. Es gibt so viele Missionswerke und Schulen, denen Gottes Ziele wichtig sind und die wir unterstützen können; warum sollten wir dann Organisationen unser Geld geben, die bewusst oder unbewusst dagegen arbeiten? Für jede weltliche Organisation, die sich für das Wohl der Gesellschaft engagiert, gibt es eine christliche, die weitgehend dieselbe Arbeit tut, aber dabei die Ewigkeitsperspektive beibehält. Wenn wir schon die Wahl haben, sollten wir die Werke unterstützen, für die Gebet, biblische Maßstäbe und das übernatürliche Wirken des Geistes Gottes einen hohen Stellenwert besitzen.

Warum fragen Sie nicht einmal Gott, wem Sie das richtige Schätze-Sammeln erklären sollen? Vielleicht gleichen Sie ja demjenigen, der D.L. Moody oder Billy Graham zu Christus geführt hat. Sie könnten für andere zum Anstoß werden, wesentlich mehr zu geben, als Sie selbst es je könnten.

Warum dieses Buch nicht weiterverschenken? Setzen Sie sich einmal mit Ihrem Ehepartner oder Ihren Freunden hin und beten Sie, nachdem Sie die hier vermittelten Fragen sorgfältig bedacht haben. Sie könnten ein Frühstückstreffen, eine Bibelgruppe oder eine Gesprächsrunde organisieren und dabei Material aus diesem Buch oder andere Informationen, wie z.B.

von Crown Financial Ministries[25], benutzen. Bitten Sie Gott, Ihnen Menschen in Ihrem eigenen Umfeld zu zeigen, mit denen Sie in Bezug auf dieses Thema reden, die Bibel lesen und beten können – Menschen, denen Sie ein Mentor sein können oder die ihrerseits imstande sind, Sie diesbezüglich anzuleiten.

Meine Selbstverpflichtung fürs Geben

Wenn Sie auf der Spur dieses Buches bleiben wollen, gibt es sechs konkrete Schritte, die ich Ihnen empfehle. Es ist eine Verpflichtung vor Gott, die Ihr Geben betrifft. Ich ermutige Sie, diese Grundsätze zu lesen, sie mit Ihrem Ehepartner oder Ihren Freunden zu besprechen und darüber zu beten.

1. Hiermit bestätige ich, dass ich Gott gehöre (1. Korinther 6,19-20) – dies gilt auch für alles, was mir anvertraut wurde (Psalm 24,1). Mir ist bewusst, dass mein Geld und meine Besitztümer in Wirklichkeit ihm gehören. Er hat mich zum Verwalter eingesetzt. Ich bin sein Lieferbursche. Ich werde ihn fragen, was ich mit seinem Geld machen soll.

---

25 In Bezug auf eine Auswahl thematisch passender, englischsprachiger Bibelarbeiten können Sie sich bei Crown Financial Ministries informieren, und zwar auf folgender Website: http://www.crown.org (abgerufen am 15. 7. 2016).

2. Ich weiß, dass Gott den Israeliten geboten hatte, ihm die Erstlinge und den Zehnten zu geben. (Dabei wollte er, dass die Erstlinge geheiligt wurden und allein ihm gehörten.) Deshalb will ich mit mindestens zehn Prozent von allem beginnen, was ich bekomme. Damit will ich Gott gehorsam sein und seinen Segen suchen (Maleachi 3,7-11). Im Glauben werde ich Gottes Herausforderung annehmen und ihn in dieser Sache prüfen.
3. Von den verbleibenden Schätzen, die Gott mir anvertraut, werde ich großzügige freiwillige Opfer geben. Ich habe verstanden, dass Gott mir Wohlstand »zu aller Freigebigkeit« (2. Korinther 9,11) anvertraut hat. Mir ist bewusst, dass ich Gott durch das Einbehalten des Zehnten und der anderen freiwilligen Opfer, zu denen er mich auffordert, berauben kann. Ich bete, dass er mir seinen Willen in dieser Hinsicht zeigt.
4. Ich bitte Gott, mir zu zeigen, wie man aufopferungsvoll für seine Sache gibt. Das schließt Gaben für Arme und für die Rettung Verlorener ein. Ich verpflichte mich, Schulden zu vermeiden, denn anderenfalls stehen seine Gaben nicht für seine Anliegen zur Verfügung. Auf diese Weise habe ich eine größere Freiheit, der Leitung des Heiligen Geistes im Blick darauf, wo ich geben soll, zu folgen.
5. Mir ist bewusst, dass ich keine irdischen Besitztümer aus dieser Welt mitnehmen kann. Darum

werde ich sie als himmlische Schätze vorausschicken – zur Ehre Christi und zum ewigen Segen für andere und für mich. Weil mir bewusst ist, dass nicht die Erde, sondern der Himmel meine Heimat und Jesus mein Herr ist, verpflichte ich mich, seine Schätze regelmäßig vor ihm auszubreiten und dabei nichts zurückzuhalten. Ich werde ihn um seine Leitung bitten, was ich damit machen und wohin ich sein Geld geben soll. Ich werde mit der Frage anfangen: »Woran halte ich fest, was ich nach seinem Willen weggeben soll?«

6. Weil Gott mir eine Familie, einen Freundeskreis, Glaubensgeschwister in der Gemeinde und noch andere Bekannte gegeben hat, werde ich ihn bitten, mir zu helfen, die Grundsätze des richtigen Sammelns von Schätzen an sie weiterzugeben, damit auch sie in den Genuss der größten gegenwärtigen Freude und der zukünftigen Belohnung kommen.

Die größte Freude

Es gibt eine Aussage Jesu, die sich nicht in den Evangelien, sondern nur in der Apostelgeschichte findet. Vielleicht hat Gott dafür gesorgt, dass sie später in seinem Wort vorkommt, damit sie hervorsticht:

[Gedenkt] der Worte des Herrn Jesus … der selbst gesagt hat: »Geben ist seliger als Nehmen« (Apostelgeschichte 20,35).

Wir wollen oft »bekommen, was uns gehört« und sind von diesem Schlagwort so fasziniert, dass wir völlig übersehen, was den wahren Segen und echte Freude mit sich bringt, nämlich Gott zu geben, was ihm gehört. Wenn wir gern geben, tun wir das, wofür wir geschaffen wurden: Gott und unsere Nächsten lieben (Matthäus 22,36-40). Wer großzügig gibt, zeigt damit, dass Christus sein Herr ist. Darauf liegt ein Segen, der Freude hervorbringt.

Ein eindrückliches Beispiel dieser Freude findet sich in der Geschichte vom kleinen Ralf. Es war kurz vor Weihnachten, und seit Tagen trieb ihn die Frage um: »Wenn Jesus Geburtstag hat, warum bekommen dann wir die Geschenke – und nicht er?«[26] Er hatte lange überlegt, doch schließlich kam ihm eine wunderbare Idee, die ihn sehr froh machte und die er während der Opfersammlung im Weihnachtsgottesdienst dann auch umsetzte:

Flink huschte er von seiner Bank, drückte sich an seinen Nachbarn vorbei, lief im Mittelgang bis zum Altar und stellte sich mitten in einen

26 URL: http://gnadenkinder.de/board/showthread.php/2895-Kommen-lesen-mitschreiben-und-wohlf%C3%BChlen-bei-den-Balkonies-im-Wintergarten/page20 (abgerufen am 15. 7. 2016).

Opferkorb und rief mit heller Stimme: »Ich habe kein Geld für Jesus, aber ich schenke ihm meine Arme und Beine, meinen Kopf, meine Stimme und mein Herz zu seinem Geburtstag.«[27]

So klein er noch war – Ralf hatte begonnen, die Dinge aus der Ewigkeitsperspektive zu sehen, er hatte die Freude am Geben entdeckt – das selbst ohne Geld möglich ist und weit über das Finanzielle hinausgeht.

Wie steht es mit Ihnen? Wollen Sie diese Freude auch erfahren? Ich lade Sie ein, das, was Sie auf der Erde angesammelt haben, im Himmel anzulegen. Ich lade Sie ein, in aller Demut großzügig und regelmäßig für Gottes Werk zu geben. Werden Sie richtig gut im Geben, um Gott eine Freude zu machen, anderen zu dienen und Schätze im Himmel genießen zu können.

Bitte nehmen Sie sich Christi Aufforderung zum Geben zu Herzen: »Gebt, und euch wird gegeben werden« (Lukas 6,38). Und wenn er Ihnen dann mehr gibt, erinnern Sie sich bitte daran, warum er das tut – damit Sie bei jeder guten Gelegenheit großzügig sein können.

Ich lade Sie ein, Ihre Schätze in den Himmel zu schicken – dorthin, wo sie sicher und ohne Verluste für Sie aufbewahrt werden. Wenn Sie das tun, dann werden Sie die von Gott geschenkte Freiheit erleben,

---

27 Ebenda.

seine Freude erfahren und feststellen, dass Ihnen sein freundliches Angesicht zugewandt bleibt.

Wenn Sie geben, werden Sie erleben, wie er sich über Sie freut.

Richtig Schätze sammeln

Sie können nichts von hier mitnehmen, aber Sie *können* es vorausschicken.

....

Schlüssel zum richtigen Schätze-Sammeln

Gott gehört alles.
Ich bin sein Verwalter.
Wir sind die Verwalter dessen,
was Gott uns anvertraut und nicht gegeben hat.

Mein Herz ist stets da,
wo ich Gottes Geld anlege.
Beobachten Sie einmal, was passiert,
wenn Sie den Großteil Ihres Geldes
von vergänglichen auf ewige Werte umschichten.

Der Himmel und nicht die Erde
ist mein Zuhause.
Wir sind Bürger eines »besseren«,
»himmlischen« Landes (Hebräer 11,16).

Ich lebe nicht für den Punkt,
sondern für die Linie.

An dem Punkt – unserem irdischen Leben vergleichbar – beginnt eine Linie, die unendlich lang wird, ein Bild für die Ewigkeit im Himmel.

Das Geben ist das einzige Gegengift
für den Materialismus.

Geben ist frohe Hingabe an eine größere Person, die größere Ziele verfolgt. Dies bedeutet, dass wir die uns angemaßte Herrschaft an Christus abgeben und ihn auf den Thron unseres Lebens setzen.

Gott lässt es mir finanziell gut gehen,
nicht um meinen Lebensstandard zu erhöhen,
sondern um meinen »Gebensstandard« anzuheben.

Gott gibt uns mehr, als wir brauchen, damit wir geben können, und zwar großzügig.

Meine Selbstverpflichtung fürs Geben

1. Hiermit bestätige ich, dass ich und alles, was mir anvertraut wurde, Gott gehören.
2. Ich weiß, dass Gott den Israeliten geboten hatte, ihm die Erstlinge und den Zehnten zu geben (und er wollte, dass die Erstlinge geheiligt wurden und allein ihm gehörten). Daher werde ich mindestens zehn Prozent von meinem Verdienst und den Gaben, die ich erhalte, dem Herrn geben.
3. Von den verbleibenden Schätzen, die Gott mir anvertraut, werde ich freiwillig und großzügig abgeben.
4. Ich bitte Gott, mir zu zeigen, wie man für sein Reich echte finanzielle Opfer bringt. Dazu gehören der Dienst an den Armen und die Bemühungen, die Verlorenen zu erreichen.
5. Mir ist bewusst, dass das letzte Hemd keine Taschen hat. Darum werde ich Schätze nicht hier, sondern im Himmel sammeln – zur Ehre Christi und zum ewigen Segen für andere und für mich.
6. Ich bitte Gott, mir zu zeigen, wie ich anderen die Freude des Gebens im Hier und Jetzt vermitteln und verdeutlichen kann, worin die zukünftige Belohnung des richtigen Schätze-Sammelns besteht.

Unterschrift: ____________________

Zeuge: ____________________

Datum: ____________________

31 radikale und befreiende Fragen an Gott zum Thema Geben

In der Bibel finden sich viele Situationen, in denen Menschen Gott ganz spezielle Fragen gestellt haben.

Denken Sie an Abraham, der unter den Terebinthen von Mamre stand und den Herrn fragte: »Sollte der Richter der ganzen Erde nicht Recht üben?« (1. Mose 18,25).

David stellte dem Herrn an einer großen und wichtigen Wegkreuzung in seinem Leben (2. Samuel 2,1-2) zwei ganz spezielle Fragen:

> »Soll ich in eine der Städte Judas hinaufziehen?«
> Und der HERR sprach zu ihm: »Zieh hinauf.«
> Und David sprach: »Wohin soll ich hinaufziehen?«
> Und er sprach: »Nach Hebron.«
> Und David zog dort hinauf.

Weil wir Gottes Kinder sind, sollten wir ihm mehr als nur rhetorische Fragen stellen. Wir sollen bitten, suchen und anklopfen, indem wir damit rechnen, dass er uns auf eine bestimmte Weise erhört oder versorgt (siehe Matthäus 7,7). Der Herr hat überhaupt keine Schwierigkeiten damit, wenn unsere Fragen richtig schwierig oder herausfordernd sind. Seine Antworten sind nicht immer so direkt wie bei David, aber er will, dass wir unsere Fragen trotzdem stellen.

Wenn es darum geht, seine finanziellen Mittel zu verwalten, gibt er uns allen keine standardisierte Checkliste in die Hand, die wir einfach von oben nach unten abhaken können. Vielmehr finden wir in seinem Wort Prinzipien zur Geldverwaltung in seinem Sinne – wobei uns manches davon gehörig gegen den Strich geht und herausfordert. Lassen Sie uns daher in der Auseinandersetzung mit diesen Prinzipien ihn und andere, gottgemäß lebende Christen, die schon mehr Erfahrung im richtigen Schätze-Sammeln haben, um Rat fragen.

Gott gehört alles, wir sind seine Verwalter, auch in finanzieller Hinsicht. Und natürlich fragt ein verantwortungsbewusster Verwalter seinen Chef um Rat. Gute Anlage-Entscheidungen erfordern Weisheit und Durchblick, die weit über unser Können hinausgehen. Gottes Wort sagt: »Wenn aber jemand von euch Weisheit mangelt, so erbitte er sie von Gott, der allen willig gibt und nichts vorwirft, und sie wird ihm gegeben werden« (Jakobus 1,5).

Wie sieht es bei Ihnen aus? Sind Sie bereit, Gottes Weisheit in Anspruch zu nehmen und sich befähigen zu lassen, wenn es darum geht, schwierige Verwalter-Entscheidungen zu treffen (und das eigene Herz diesbezüglich zu beurteilen)? *Dann bitten Sie ihn.* Er wird Sie über seine Pläne nicht im Dunkeln lassen. Sie haben sein Wort als Orientierungshilfe und den

Heiligen Geist, der Sie auch in dieser Hinsicht leiten wird.

Die folgenden 31 Fragen sollen Ihnen bei der Suche nach dem Willen Gottes helfen. (Arbeiten Sie die Fragen entweder nacheinander durch oder nehmen Sie sich eine pro Tag vor. Das reicht dann für einen Monat.) Nach jeder Frage gibt es einen besonders gut passenden Bibelvers sowie weitere hilfreiche Texte, mit denen Sie sich beschäftigen sollten.

Gottes Wort besitzt eine Macht, an die Ihre und meine Worte nicht annähernd herankommen. Und er verspricht, dass sein Wort nicht zu ihm zurückkehrt, ohne dass es ausgeführt hat, wozu er es gesandt hat (siehe Jesaja 55,11). Ich darf Sie daher bitten, sich in den folgenden Gebeten zuallererst auf sein Wort und erst dann auf die Frage zu konzentrieren.

Bitten Sie den Heiligen Geist, zu Ihrem Herzen zu reden und Sie zu leiten. Er wird es tun. Versprochen.

Fragen an Gott

1. Herr, an vielen Stellen in deinem Wort erkennen wir in Bezug auf das Geben einen direkten Zusammenhang zwischen der Annahme der Gnade und ihrer Weitergabe. Deine Gnade ist wie der Blitz und unser Geben wie der Donner, der darauf folgt. Herr, ich frage dich jetzt: Wird an dem, wie viel ich dir gebe, deutlich, dass ich deine Gnade in meinem Leben wirklich verstanden und verinnerlicht habe? Oder zeigt mein Geben, dass meine Reaktion auf die Annahme deiner Gnade noch viel tief greifender sein und noch mehr von Herzen kommen könnte?

   Achtet darauf, dass ihr auch in dieser Gnade überströmend seid … Denn ihr kennt die Gnade unseres Herrn Jesus Christus, dass er, da er reich war, um euretwillen arm wurde, damit ihr durch seine Armut reich würdet (2. Korinther 8,7.9).

   Siehe auch 2. Korinther 9,15 und Römer 8,32.

2. Vater im Himmel, kann es sein, dass du mich gerade in dieser Zeit mit so viel Besitz leben lässt, weil du mich als deinen Verwalter einsetzen willst? Ist es nicht alles andere als ein Zufall, dass du mir in dieser Zeit, wo ungezählte Menschen große Not leiden und es gleichzeitig ungeahnte Ressourcen

und Hilfsmöglichkeiten gibt, solche Schätze anvertraut hast?

Und wer weiß, ob du nicht für eine Zeit wie diese zum Königtum gelangt bist? (Esther 4,14).

Siehe auch Apostelgeschichte 17,26 und Epheser 2,10.

3. Geht es in meinem Leben um dich? Vater, öffne mir die Augen. Woran klammere ich mich, während es mir doch jetzt die Freude und später die Belohnung raubt? Was hüte und behalte ich, während es mich daran hindert, dir ganz zu vertrauen? Weil Geld und irdisch wertvolle Dinge wie Körper in der Physik eine Massenanziehungskraft besitzen und wir häufig um sie kreisen, stellt sich die Frage: Was kann ich weggeben, um eine größere Freiheit zu erlangen? Was von »meinem« Besitz kann ich dir geben, damit die Anziehungskraft allein von dir ausgeht?

   Kein Hausknecht kann zwei Herren dienen; denn entweder wird er den einen hassen und den anderen lieben, oder er wird einem anhangen und den anderen verachten. Ihr könnt nicht Gott dienen und dem Mammon (Lukas 16,13).

   Siehe auch Psalm 42,2-3 und Matthäus 5,6.

4. Herr Jesus, mache ich dir, dem Eigentümer, dem alles gehört und der über alles verfügen kann, Ehre mit dem mir anvertrauten Vermögen? Oder behandle ich dich nur wie einen Anlageberater, dem ich Gebühren (zwei Prozent, zehn Prozent …) zahle? Sehe ich mich wie den Geschäftsinhaber und dich wie den Angestellten? Habe ich verstanden, dass das Geschäft dir gehört und ich dein Angestellter bin?

   Denn mein ist das Land; denn Fremde und Beisassen seid ihr bei mir (3. Mose 25,23).

   Siehe auch 5. Mose 10,14 und 1. Chronik 29,11-12.

5. Wohin soll ich nach deinem Willen gehen, um die materielle und geistliche Not wahrzunehmen? Wo soll ich mithelfen, sie durch eine Arbeit zu lindern, bei der Christus im Mittelpunkt steht? In meinem Umfeld oder irgendwo anders auf der Welt? Was ist für mich dran? Mitarbeit bei der Tafel? Bei den Obdachlosen in der Einkaufszone? Soll ich Besuche im Gefängnis machen? Mich für die Pro-Life-Arbeit einsetzen? Entspricht es deinem überraschenden Plan für mich und meine Familie, dass ich einen Kurzzeiteinsatz in der Mission mache oder Langzeitmissionar werde?

[Josia] hat dem Elenden und dem Armen zum Recht verholfen; da stand es gut. Heißt das nicht, mich zu erkennen? (Jeremia 22,16).

Siehe auch Sprüche 28,27 und Römer 10,13-15.

6. Herr, ich frage mich, warum du mir jetzt mehr Geld als früher anvertraut hast. Ich dachte immer, das sei zur Erhöhung des *Lebensstandards*. War das in Wirklichkeit zur Erhöhung meines »*Gebensstandards*«? Sehe ich mich wirklich als deinen Laufburschen? Oder gehe ich davon aus, dass ich all das einfach behalten kann, weil du es in meine Hände gelegt hast? Hast du mir vielleicht für jemand anderen etwas gegeben? Könnte es sein, dass der Betreffende es nicht hat, weil ich es festhalte?

   Ihr werdet in allem reich gemacht zu aller Freigebigkeit, die durch uns Danksagung Gott gegenüber bewirkt (2. Korinther 9,11; RELB).

   Siehe auch 2. Korinther 8,14 und Apostelgeschichte 11,29.

7. Herr Jesus, habe ich zu viel angehäuft? Habe ich mir unkluge Ausgaben erlaubt und Schulden angesammelt, sodass ich dir nichts mehr geben konnte? Habe ich gesagt: »Zum Geben bleibt nichts mehr übrig«, und mir gleichzeitig ein Ausgabeverhalten angewöhnt, bei dem *garantiert* nichts mehr zum Geben bleiben kann? Steht mein Geben im richtigen Verhältnis zu dem, wie du mich überreich gesegnet hast? Wenn ich daran denke, dass du auch vom ärmsten Israeliten den Zehnten und zwei weitere Opfer gefordert hast, kann es dann wirklich sein, dass du von mir als demjenigen, der vergleichsweise im Wohlstand lebt, der die Gnade des Herrn kennt und in dem der Heilige Geist lebt und wirkt, weniger verlangst?

   Ehre den HERRN von deinem Vermögen und von den Erstlingen all deines Ertrags; so werden deine Speicher sich füllen mit Überfluss, und deine Fässer werden von Most überfließen (Sprüche 3,9-10).

   Siehe auch Sprüche 22,7 und 1. Korinther 16,2.

8. Herr, manchmal frage ich mich, warum du mich finanziell nicht ein bisschen mehr segnest. Könnte es sein, dass ich das Geld zunächst für mich ausgegeben habe, anstatt dir zuerst von dem zu geben, was du mir zur Verfügung gestellt hast?

»Ist es für euch selbst Zeit, in euren getäfelten Häusern zu wohnen, während dieses Haus wüst liegt?«

Und nun, so spricht der HERR der Heerscharen: »Richtet euer Herz auf eure Wege! Ihr habt viel gesät und wenig eingebracht; ihr esst, aber nicht zur Sättigung; ihr trinkt, aber nicht zur Genüge; ihr kleidet euch, aber es wird keinem warm; und der Lohnarbeiter erwirbt Lohn für einen durchlöcherten Beutel.«

So spricht der HERR der Heerscharen: »Richtet euer Herz auf eure Wege! Steigt auf das Gebirge und bringt Holz herbei und baut das Haus, so werde ich Wohlgefallen daran haben und verherrlicht werden«, spricht der HERR. »Ihr habt nach vielem ausgeschaut, und siehe, es wurde wenig; und brachtet ihr es heim, so blies ich hinein. Weshalb das?«, spricht der HERR der Heerscharen. »Wegen meines Hauses, das wüst liegt, während ihr lauft, jeder für sein eigenes Haus. Darum hat der Himmel den Tau über euch zurückgehalten und die Erde ihren Ertrag zurückgehalten. Und ich habe eine Dürre gerufen über das Land und über die Berge und über das Korn und über den Most und über das Öl und über das, was der Erdboden hervorbringt, und über die Menschen und über das Vieh und über alle Arbeit der Hände« (Haggai 1,4-11).

Siehe auch Maleachi 3,8-11 und Lukas 6,38.

9. Herr, du hast die arme Witwe dafür gelobt, dass sie alles gegeben und nichts zurückbehalten hat. Wenn ich dir lieber jetzt als später gebe, ohne dabei auf meine gegenwärtige Situation zu schauen, wäre das unverantwortlich? Bin ich auf die Lüge hereingefallen, dass ich zu arm zum Geben bin, obwohl die besten biblischen Beispiele für das Geben von armen Menschen stammen?

Und er rief seine Jünger herbei und sprach zu ihnen: »Wahrlich, ich sage euch: Diese arme Witwe hat mehr eingelegt als alle, die in den Schatzkasten eingelegt haben. Denn alle haben von ihrem Überfluss eingelegt; diese aber hat aus ihrem Mangel alles, was sie hatte, eingelegt, ihren ganzen Lebensunterhalt« (Markus 12,43-44; RELB).

Siehe auch 2. Korinther 8,1-4 und Galater 6,9-10.

10. Vater, ich würde gern einmal wissen, was du hierüber denkst, weil es einfach so völlig aus der Norm fällt: Würde es dich ehren, wenn ich mir überlegte, wie viel an Gehalt und Vermögen ich für einen einfachen Lebensstil bräuchte, und den Rest einfach weggäbe? Würdest du mir im Zuge dessen eine größere Dankbarkeit und Zufriedenheit beibringen?

Wer das Geld liebt, wird des Geldes nicht satt, und wer den Reichtum liebt, nicht des Ertrags. Auch das ist Eitelkeit. Wenn das Gut sich mehrt, so mehren sich, die davon zehren; und welchen Nutzen hat dessen Besitzer, als das Anschauen seiner Augen? Der Schlaf des Arbeiters ist süß, mag er wenig oder viel essen; aber der Überfluss des Reichen lässt ihn nicht schlafen (Prediger 5,9-11).

Siehe auch Hosea 13,6 und Philipper 4,11-13.

11. Herr Jesus, mir ist klar, dass alles Geld und Vermögen bei deiner Wiederkunft verbrennen wird. Wenn du zu meinen Lebzeiten zurückkommst, ist es dann auch mit all den Vermögenswerten, dem Geld auf Bankkonten und den Aktien vorbei, die ich auf Erden angehäuft habe? Sind sie dann nur noch wie Kisten voller Südstaatengeld nach dem Amerikanischen Bürgerkrieg? Hatte Martin Luther recht, als er behauptete: »Wenn du mit Gott und in Ehren Schätze sammelst, so wird er auch zusehen, dass es bleibe, wenn es bleiben soll, oder dass es doch unverloren und wohl angelegt sei«? Stimmt die Aussage von A. W. Tozer: »Jeder vergängliche Besitz kann zu einem ewigen Reichtum werden. Was auch immer wir Christus geben, wird sofort unvergänglich«?

Es wird aber der Tag des Herrn kommen wie ein Dieb, an dem die Himmel vergehen werden mit gewaltigem Geräusch, die Elemente aber im Brand werden aufgelöst und die Erde und die Werke auf ihr werden verbrannt werden.

Da nun dies alles aufgelöst wird, welche solltet ihr dann sein in heiligem Wandel und Gottseligkeit! – indem ihr erwartet und beschleunigt die Ankunft des Tages Gottes, dessentwegen die Himmel, in Feuer geraten, werden aufgelöst und die Elemente im Brand zerschmelzen werden. Wir erwarten aber nach seiner Verheißung neue Himmel und eine neue Erde, in denen Gerechtigkeit wohnt (2. Petrus 3,10-13).

Siehe auch Prediger 5,14 und 1. Korinther 9,24-25.

12. Herr, schenke mir Klarheit im Denken: Deutet die Tatsache, dass du mir und nicht anderen dein Geld anvertraut hast, darauf hin, dass *ich*, solange ich lebe, in Ewigkeitswerte investieren soll, anstatt diese Verantwortung meinen Kindern zu übertragen? Solltest *du* nicht viel besser entscheiden, wie viel Geld du ihnen anvertrauen willst? Und in dem Fall, dass Kinder nicht besonders gut mit Geld umgehen können, wäre es dann nicht eine Veruntreuung deiner Gelder, wenn es ihnen trotzdem gegeben wird? Wenn meine Kinder ihr Studium

oder ihre Berufsausbildung abgeschlossen haben und selbst Geld verdienen, würde eine große Erbschaft – einmal abgesehen von Dingen mit einem hohen ideellen Wert oder Familienerbstücken – ihren Blick auf die Ewigkeit lenken und ihnen auf ihrem Weg mit dir helfen, oder könnte es richtig schwierig für sie werden, sodass sie am Ende unter einen Einfluss gerieten, dem sie nicht gewachsen wären? Könnten sie dadurch sogar zu Fall kommen? Sollte ich nicht, solange ich lebe, wie John Wesley danach streben, selbstverantwortlich den Großteil »meines« Nachlasses zu regeln?

Ein Erbe, das hastig erlangt wird im Anfang, dessen Ende wird nicht gesegnet sein (Sprüche 20,21).

Siehe auch Sprüche 13,11 und 1. Korinther 4,2.

13. Wie kann ich sicher sein, dass die Vermögenswerte, die du mir anvertraut hast, dir auch wirklich nach meinem Tod dienen? Woher weiß ich, dass diejenigen, denen ich diese Mittel hinterlasse, diese auch wirklich dazu verwenden, die Belange deines Reiches voranzubringen? Ich denke, dass ich Folgendes tun sollte: Wenn meine Kinder erwachsen und finanziell unabhängig sind, sollte ich dann nicht umgehend das weggeben, was ich kann, bevor nach meinem Tod der Löwenanteil des übrig

bleibenden Vermögens an meine Gemeinde sowie an Missions- und andere christliche Werke geht, an denen du deine Freude hast? Sollte ich meinen Kindern nicht beibringen, auf das von *dir* kommende Erbe und nicht auf das zu schauen, was ich hinterlasse? Sollten nicht wir alle – sowohl sie als auch ich – unsere Augen auf das ewige Erbe richten? Sollten wir nicht bedenken, dass durch unsere treuen Gaben hier und jetzt unsere himmlische Belohnung vergrößert werden kann?

Kommt her, Gesegnete meines Vaters, erbt das Reich, das euch bereitet ist von Grundlegung der Welt an; denn ich war hungrig, und ihr gabt mir zu essen … (Matthäus 25,34-35).

Siehe auch 1. Petrus 1,3-4 und Kolosser 3,23-24.

14. Himmlischer Vater, was sind in Bezug auf die Ewigkeit die Nachteile, wenn ich dir jetzt so viel gebe, wie mir möglich ist? Oder andersherum: Was sind im Gegensatz dazu die ewigen Nachteile, wenn ich dir weniger gebe oder erst einmal abwarte, bevor ich gebe? Droht tatsächlich eine Gefahr, wenn ich dir ohne Zögern mehr gebe, als unter den meisten deiner Kinder allgemein üblich ist? Oder besteht die wirkliche Gefahr darin, zu wenig und zu spät zu geben?

Wer im Geringsten treu ist, ist auch in vielem treu, und wer im Geringsten ungerecht ist, ist auch in vielem ungerecht. Wenn ihr nun in dem ungerechten Mammon nicht treu gewesen seid, wer wird euch das Wahrhaftige anvertrauen? Und wenn ihr in dem Fremden nicht treu gewesen seid, wer wird euch das Eure geben? (Lukas 16,10-12).

Siehe auch Lukas 19,17; Markus 10,29-30 und 2. Korinther 5,9-10.

15. Nehmen wir nur einmal an, Herr, du forderst mich auf, jetzt zu geben. Wenn ich das hinausschiebe – egal, aus welchem Grund –, könnte es dann passieren, dass ich vorher sterbe? Oder könnte das Geld verschwinden, ohne dass ich die Möglichkeit hatte, es zu geben?

»Tu mir kund, HERR, mein Ende und das Maß meiner Tage, welches es ist, damit ich weiß, wie vergänglich ich bin! Siehe, wie Handbreiten hast du meine Tage gemacht, und meine Lebensdauer ist wie nichts vor dir; ja, nur ein Hauch ist jeder Mensch, der dasteht.« […]

Ja, als ein Schattenbild geht der Mensch umher; ja, vergebens ist er voll Unruhe; er häuft auf und weiß nicht, wer es einsammeln wird.

»Und nun, worauf harre ich, Herr? Meine Hoffnung ist auf dich!« (Psalm 39,5-8).

Siehe auch Prediger 5,12-13 und 8,8.

16. Wenn ich meine Schätze jetzt nicht für die Anliegen deines Reiches gebe, gerate ich dann nicht in die Gefahr, mich mehr um irdische als um himmlische Schätze zu drehen? Wenn ich das Geben hinausschiebe, besteht dann nicht die Gefahr, dass mein Herz hart wird und nicht mehr hört, wenn du mich an das Geben erinnerst? Und werde ich dann nicht unvorbereitet in die Ewigkeit gehen?

Den Reichen in dem gegenwärtigen Zeitlauf gebiete, nicht hochmütig zu sein noch auf die Ungewissheit des Reichtums Hoffnung zu setzen, sondern auf Gott, der uns alles reichlich darreicht zum Genuss; Gutes zu tun, reich zu sein an guten Werken, freigebig zu sein, mitteilsam, indem sie sich selbst eine gute Grundlage für die Zukunft sammeln, damit sie das wirkliche Leben ergreifen (1. Timotheus 6,17-19).

Siehe auch Matthäus 6,21 und Hebräer 3,15.

17. Wenn ich sterbe, bleibt mir ja keine Wahl, als das Geld zurückzulassen. Wenn dann mein Geld (d. h. in Wirklichkeit *dein* Geld, das mir vorübergehend anvertraut ist) gemäß meinem Testament verteilt wird, stellt sich die Frage: Ist das wirklich noch »Geben«? Ohne Frage ist es schön, wenn bei dieser Gelegenheit bestimmte Summen für edle Zwecke vermacht werden, aber das hat im Grunde nichts mehr mit einem Opfer zu tun, und dazu ist kein Vertrauen auf dich mehr erforderlich. Ist das wirklich noch Geben im umfassenden biblischen Sinn? Beraube ich mich so nicht selbst der Freude am Geben und der Belohnung? Ist es nicht Ausdruck meines mangelnden Vertrauens dir gegenüber, wenn ich an meinem Geld bis zum Tod festhalte? Sollte ich große Vermögenswerte dir nicht freudig geben, solange ich noch lebe?

Nicht, dass ich die Gabe suche, sondern ich suche die Frucht, die überströmend sei für eure Rechnung (Philipper 4,17).

Siehe auch Hebräer 9,27 und Epheser 6,8.

18. Lieber Vater, weder die Börse noch der Immobilienmarkt reichen auch nur annähernd an deine ewige Rendite heran. Wer kommt an dein Versprechen einer 10 000-prozentigen Rendite – an einen hundertfachen Gewinn – heran? Warum richtet sich meine Aufmerksamkeit dann so häufig auf zeitliche begrenzte, irdische Investitionen mit einer erbärmlich geringen Rendite? Herr, bitte weite meinen Blick, mehre meinen Glauben und lass mich stärker danach streben, in ewige Werte zu investieren.

Da antwortete Petrus und sprach zu ihm: »Siehe, wir haben alles verlassen und sind dir nachgefolgt; was wird uns nun zuteilwerden?«

Jesus aber sprach zu ihnen: »Wahrlich, ich sage euch: Ihr, die ihr mir nachgefolgt seid, auch ihr werdet in der Wiedergeburt, wenn der Sohn des Menschen auf seinem Thron der Herrlichkeit sitzen wird, auf zwölf Thronen sitzen und die zwölf Stämme Israels richten. Und jeder, der verlassen hat Häuser oder Brüder oder Schwestern oder Vater oder Mutter oder Frau oder Kinder oder Äcker um meines Namens willen, wird hundertfach empfangen und ewiges Leben erben« (Matthäus 19,27-29).

Siehe auch Hebräer 6,10 und 2. Korinther 4,18.

19. Herr, ich brauche Klarheit, wenn es darum geht, *wohin* ich dein Geld geben soll. Lass mich bitte klar erkennen, wer aus deinem Geld das meiste macht und wer nicht. Gebe ich es Werken und Institutionen, die du am besten findest? Der Oper, dem Kunstmuseum oder Vereinen, die humanitäre Anliegen verfolgen? So gut deren Ziele sein mögen – stehen sie in Einklang mit deinen Herzensgedanken, wenn es um Evangelisation, Jüngerschaft, Gemeindegründung, die Hilfe für Arme, Behinderte und Gefangene sowie das Engagement für die Ungeborenen und ihre Mütter geht?

Und um dieses bete ich, dass eure Liebe noch mehr und mehr überströme in Erkenntnis und aller Einsicht, damit ihr prüfen mögt, was das Vorzüglichere ist (Philipper 1,9-10).

Siehe auch 1. Timotheus 5,3-5 und Sprüche 14,7.

20. Du hast dem reichen jungen Mann geboten, alles, was er hatte, wegzugeben und dir im Glauben nachzufolgen. *Könnte es unter Umständen sein*, dass dieser Ruf, alles wegzugeben, auch mir gilt? Habe ich dich je danach gefragt? Im Herzen des Zachäus hast du den Entschluss geweckt, die Hälfte seines Besitzes wegzugeben. Ich verdiene doppelt so viel wie manche andere. Kann es sein, dass du,

wenn ich die Hälfte davon weggebe, durch mich geehrt wirst? Wäre das eine Option für mich?

Zachäus aber trat hinzu und sprach zu dem Herrn: Siehe, Herr, die Hälfte meiner Güter gebe ich den Armen, und wenn ich von jemand etwas durch falsche Anklage genommen habe, erstatte ich es vierfach. Jesus aber sprach zu ihm: Heute ist diesem Haus Heil widerfahren, da ja auch er ein Sohn Abrahams ist; denn der Sohn des Menschen ist gekommen, zu suchen und zu erretten, was verloren ist (Lukas 19,8-10).

Siehe auch Matthäus 19,21 und Lukas 14,33.

21. Herr, angenommen, ich sollte eine Liste von allem anfertigen, was du mir anvertraut hast und was nach irdischen Maßstäben als wertvoll gilt. Wenn ich dich dann fragen würde, was ich davon weggeben sollte, gibt es da *irgendetwas* (wie Haus, Auto, Immobilien, Rentenfonds- und Bankkontobeträge), was für mich nicht infrage käme? Herr, leugne ich durch mein Handeln, dass *alles* dir gehört? Gebe ich dir nur den Rest, den ich noch nicht anderweitig verplant habe? Wenn ich nicht alles auf den Tisch lege, um dich zu fragen, was ich nach deinem Willen damit machen soll, bin ich dann in Wahrheit dein Jünger?

Des HERRN ist die Erde und ihre Fülle, der Erdkreis und die darauf wohnen (Psalm 24,1).

Siehe auch 1. Korinther 6,19; Psalm 50,12 und Haggai 2,8.

22. Vater, du kennst mich durch und durch. Warum klammere ich mich krampfhaft an meinen Besitz, ohne ihn loslassen zu wollen? Will ich mir oder anderen damit etwas beweisen? Geht es um Stolz? Um Macht, Ansehen, Egoismus, Unsicherheit, Furcht? Mache ich, ohne es zu merken, Geld zu meinem Ersatzgott? Suche ich Freude und Erfüllung in materiellen Dingen und lasse mir dadurch Freuden entgehen, die ich nur in dir finde? Soll ich Dinge vielleicht *grundlegend* ändern, damit ich mich mehr nach dir sehne und mich stärker von dir abhängig mache?

Es dürstet nach dir meine Seele, nach dir schmachtet mein Fleisch in einem dürren und lechzenden Land ohne Wasser (Psalm 63,2).

Siehe auch Kolosser 3,4-6 und Psalm 34,9.

23. Herr, was treibt mich an? Wenn andere über mich sagen: »Mensch, ist der aber erfolgreich«, oder wenn du zu mir sagst: »Recht so, du guter und treuer Knecht«? Wenn ich dir dereinst gegenüberstehe, wünsche ich mir dann, ich hätte weniger oder mehr gegeben? Gott, bitte hilf mir, die Kluft zwischen meinem jetzigen Handeln (zwischen dem, was ich jetzt tatsächlich gebe) und dem nachträglichen Bedauern (›ich hätte es weggeben sollen‹) zu schließen.

Er sprach aber zu ihnen: »Gebt acht und hütet euch vor aller Habsucht, denn auch wenn jemand Überfluss hat, besteht sein Leben nicht durch seine Habe« (Lukas 12,15).

Siehe auch 2. Korinther 8,7 und Apostelgeschichte 10,1-4 (vgl. besonders V. 2 und 4).

24. Herr, hindert mich die Angst vor schlimmer Krankheit oder Altersarmut daran, dir mein Geld zu geben? Ich weiß, dass du mich berufen hast, weise zu leben. Aber bin ich darin nicht zu weit gegangen – bis dahin, dass ich Güter horte und anhäufe, anstatt dir zu vertrauen? Klammere ich mich an Überschuss und Überfluss, weil ich mir einbilde, du könntest mich im Stich lassen?

So seid nun nicht besorgt für den morgigen Tag, denn der morgige Tag wird für sich selbst sorgen. Jeder Tag hat an seinem Übel genug (Matthäus 6,34).

Siehe auch Sprüche 3,5-6 und Philipper 4,6.19.

25. Es ist ein schlimmer Gedanke, Vater, aber könnte es sein, dass in meinem Leben materieller Besitz dir die Herrschaft streitig macht? Haben meine Beziehung zu dir – und das Glaubensleben meiner Angehörigen – unter unserem Wohlstand und darunter gelitten, dass wir der Anziehungskraft irdischer Besitztümer erlegen sind? Ist es wahr, dass das Geben das einzige Gegengift für den Materialismus ist? Habe ich genug gegeben, um aus dem Würgegriff des Materialismus loszukommen und freudig in der Freiheit von der Tyrannei des Geldes und der Güter zu leben?

Denn wir haben nichts in die Welt hereingebracht, so ist es offenbar, dass wir auch nichts hinausbringen können. Wenn wir aber Nahrung und Bedeckung haben, so wollen wir uns daran genügen lassen. Die aber, die reich werden wollen, fallen in Versuchung und Fallstrick und in viele unvernünftige und schädliche Begierden, die die Menschen versenken in Verderben und Untergang. Denn die Geldliebe ist eine Wurzel alles Bösen, der nachstrebend einige von dem Glauben abgeirrt sind und sich selbst mit vielen Schmerzen durchbohrt haben. Du aber, o Mensch Gottes, fliehe diese Dinge; strebe aber nach Gerechtigkeit (1. Timotheus 6,7-11).

Siehe auch Hesekiel 28,4-5 und Offenbarung 3,17-18.

26. Woran halte ich fest, was ich nach deinem Willen weggeben soll? Du hast versprochen: »Geben ist seliger als Nehmen.« (In einer Bibelübertragung steht hier: »Geben macht glücklicher als Nehmen.«[28]) Um welchen Segen und welches Glück bringe ich mich, wenn ich an diesen Dingen immer noch festhalte, anstatt sie in Einklang mit deinem Willen loszulassen?

Wer gütigen Auges ist, der wird gesegnet werden; denn er gibt dem Geringen von seinem Brot (Sprüche 22,9).

Siehe auch Apostelgeschichte 20,35 und 2. Korinther 8,13-15.

28 A. d. H.: Vgl. Hoffnung für alle;
URL: http://www.bibleserver.com/text/HFA/Apostelgeschichte20 (abgerufen am 15. 7. 2016).

27. Herr Jesus, bitte zeige mir, wie ich noch besser mit meinem Partner und meinen Kindern über dieses Thema reden und darüber beten kann, damit wir diesen Weg des freudigen Gebens gemeinsam gehen können. Herr, hilf uns, dass wir einander helfen und ermutigen können, ohne den anderen dabei zurückzulassen.

Eine einsichtsvolle Frau kommt von dem HERRN (Sprüche 19,14).

Siehe auch 2. Korinther 9,7 und Epheser 5,22.25.

28. Was tue ich und was *sollte* ich noch tun, um meinen Kindern das regelmäßige, freudige und großzügige Geben beizubringen?

Erziehe den Knaben seinem Weg entsprechend; er wird nicht davon weichen, auch wenn er alt wird (Sprüche 22,6).

Siehe auch 1. Korinther 11,1 und 16,2.

29. Herr, mir ist bewusst, dass ich an fast allen Orten dieser Welt als überaus reich gelte, auch wenn ich zur Unter- oder Mittelschicht gehöre. (Und welchen Zeitabschnitt in der Menschheitsgeschichte ich auch nähme – ich würde in fast allen als reich gelten.) Hast du mir deswegen so viel in die Hände gelegt, damit ich die Gabe des Gebens praktiziere und es lerne, sie zu deiner Ehre zu gebrauchen? Habe ich mich um Segen und Freude gebracht, indem ich sie vernachlässigt und nicht ausgeübt habe?

So sind wir, die Vielen, ein Leib in Christus, einzeln aber Glieder voneinander. Da wir aber verschiedene Gnadengaben haben, nach der uns verliehenen Gnade: es sei Weissagung, so lasst uns weissagen nach dem Maß des Glaubens; es sei Dienst, so lasst uns bleiben im Dienst; es sei, der lehrt, in der Lehre; es sei, der ermahnt, in der Ermahnung; der gibt, in Einfalt (Römer 12,5-8).

Siehe auch 2. Korinther 9,7 und Galater 6,9.

30. Wenn ich ein Geber bin, wen habe ich im Geben angeleitet und *als Mentor* begleitet? Wie kann ich in aller Demut die Freude des Gebens mit anderen teilen? Wenn es unter uns Gebetskämpfer gibt, die anderen das rechte Beten beibringen, haben wir dann auch *Gebenskämpfer*? Berufst du einige von uns dazu, Vorbilder zu sein, die anderen zeigen, wie wir geben sollen und wie die Messlatte für das Geben angehoben werden kann? Sollte ich danach streben, ein Gebenskämpfer zu werden und/oder den Rat und die Leitung eines anderen suchen?

Wir tun euch aber kund, Brüder, die Gnade Gottes, die in den Versammlungen Mazedoniens gegeben worden ist, dass bei großer Drangsalsprüfung das Übermaß ihrer Freude und ihre tiefe Armut übergeströmt sind in den Reichtum ihrer Freigebigkeit. […] Denn ich kenne eure Bereitschaft, deren ich mich euretwegen den Mazedoniern gegenüber rühme, dass Achaja seit vorigem Jahr bereit gewesen ist; und euer Eifer hat viele angespornt (2. Korinther 8,1-2; 9,2).

Siehe auch 1. Chronik 29,1-14 und Hebräer 10,24.

31. Gibt es etwas, von dem ich mir fünf Minuten nach meinem Tod wünschte, ich hätte es weggeben sollen, als noch Gelegenheit dazu war? Himmlischer Vater, ich muss nicht bis zu meinem Tod warten, um das herauszufinden. Bitte zeige es mir doch. Jetzt kann ich noch für die Belange geben, die dir am Herzen liegen. Jetzt kann ich noch die Freude erleben, dass andere durch mein Geld Essen bekommen, anderweitig unterstützt werden und das Evangelium hören. Mach mich bitte stark, dass ich jeden Tag für den Rest meines Lebens zum Himmel aufschaue und dort Schätze sammle. Herr, hilf mir, dass ich mich schon jetzt auf die Worte freuen kann, die ich so gern von dir hören will: »Recht so, du guter und treuer Knecht! … geh hinein in die Freude deines Herrn« (Matthäus 25,21; RELB).

Denn der Sohn des Menschen wird kommen in der Herrlichkeit seines Vaters mit seinen Engeln, und dann wird er jedem vergelten nach seinem Tun (Matthäus 16,27).

Siehe auch Sprüche 19,17 und Matthäus 10,42.

Gott nimmt sich aller Sorgen an,
die seine Kinder plagen;
wie sollten wir, wenn wir dies sehn,
nicht ewig »Danke!« sagen!

Doch etwa nicht, indem wir nur
an unser Wohlsein denken,
nein, sondern froh und herzlich gern
dem Nächsten Freude schenken.

Vor allem aber wissen wir
von Gottes Vaterliebe.
Ach, dass uns dieses Wissen doch
zu unsern Nächsten triebe!

Dass sie von uns durch Wort und Werk
zum Licht gezogen werden,
und dann durch Christi Rettungstat
zu Lichteskindern werden

und rufen dann am Himmelstor,
wenn Christus einst gekommen:
»Durch den fand ich den Weg hierher,
Gott hat mich angenommen!«

Über den Autor

Randy Alcorn ist Autor von mehr als 50 Büchern und Gründer von Eternal Perspective Ministries (EPM), eines christlichen gemeinnützigen Werkes, das es sich zum Ziel gesetzt hat, die grundlegenden Wahrheiten des Wortes Gottes zu verbreiten. EPM hilft den Gemeinden, ihren Auftrag gegenüber den bisher unerreichten, unterernährten, ungeborenen, nicht ausgebildeten und unversorgten Menschen auf der ganzen Welt wahrzunehmen und sich um jene zu kümmern, die in seelischen Konflikten alleingelassen worden sind.

»Mein erklärtes Ziel ist es, in den Menschen das Verständnis dafür zu wecken, dass wir Zeit, Geld, Besitz und Möglichkeiten jetzt nutzen und in dringend benötigte Maßnahmen investieren sollten, die Ewigkeitsbestand haben«, sagt R. Alcorn. »Das geschieht dadurch, dass die Wahrheiten des Glaubens gründlich untersucht, gelehrt und praktisch angewendet werden.«

Vor der Gründung von EPM war R. Alcorn 14 Jahre Gemeindepastor. Er ist Theologe und biblischer Lehrer und hat an der Multnomah University und dem Western Seminary in Portland (Oregon) unterrichtet.

R. Alcorn ist Autor von mehr als 50 Büchern. Darunter befinden sich die Bestseller *Behüte dein Herz* und … *voller Gnade und Wahrheit*, das Sachbuch *Pro-Life. Argumente gegen die Tötung Ungeborener* sowie die Romane *Post von Graf Moderthal* und *Die Akte Jillian*.

Gemeinsam mit seiner Frau Nanci lebt er in Gresham, Oregon. Die Alcorns sind Eltern von zwei Töchtern und stolze Großeltern von fünf Enkelsöhnen. Randy Alcorn verbringt gern Zeit mit seiner Familie. Zu seinen Hobbys zählen Radfahren, Tennis, das Durchführen von Experimenten und Lesen.

Gern dürfen Sie mit Eternal Perspective Ministries Kontakt aufnehmen:

http://www.epm.org
39085 Pioneer Blvd., Suite 206
Sandy, OR 97055
USA

So können Sie mit Randy Alcorn online in Verbindung treten

Facebook:http://www.facebook.com/randyalcorn
Twitter:http://www.twitter.com/randyalcorn
Blog:http://www.epm.org/blog

Abkürzungen

A. d. H.
Anmerkung des Herausgebers

Luther 1984
Die Bibel nach der Übersetzung Martin Luthers,
Deutsche Bibelgesellschaft, Stuttgart
(Bibeltext in der revidierten Fassung von 1984).

NeÜ
Neue evangelistische Übersetzung
von Karl-Heinz Vanheiden,
Dillenburg: Christliche Verlagsgesellschaft, 2010.

RELB
Elberfelder Übersetzung,
revidierte Fassung, Wuppertal: R. Brockhaus Verlag.

Schlachter 2000
Die Bibel,
übersetzt von F. E. Schlachter (Version 2000), Genf.

svw.
so viel wie